大学生零投资创业指南

DAXUESHENG LINGTOUZI CHUANGYE ZHINAN

刘子仲/编著

天津科学技术出版社

图书在版编目(CIP)数据

大学生零投资创业指南/刘子仲编著. —天津:
天津科学技术出版社,2010.8
ISBN 978-7-5308-5908-7

Ⅰ.①大… Ⅱ.①刘… Ⅲ.①大学生—职业选择—指
南 Ⅳ.①G647.38-62

中国版本图书馆CIP数据核字(2010)第145201号

责任编辑:郑 新 刘 鸫
责任印制:王 莹

天津科学技术出版社出版
出版人:蔡 颢
天津市西康路35号 邮编300051
电话(022)23332674(编辑室) 23332393(发行部)
网址:www.tjkjcbs.com.cn
新华书店经销
北京建泰印刷有限公司印刷

开本787×1092 1/16 印张18.5 插页1 字数230 000
2010年8月第1版第1次印刷
定价:29.80元

※前　言※

随着时代的变迁，再加上就业压力的增大，很多大学生的从业观念已经发生了翻天覆地的变化，从以前被动地接受社会的挑选，变为主动出击通过创业获取自己人生的第一桶金，实现自己的人生价值。

每个人都希望主宰自己的命运，走自我创业之路不失为发展自我、完善自我的新途径，从这个意义上说，创业是最好的生存之道。

你也许会有这样的疑惑：一个刚毕业的大学生，现在找不工作，想创业又没有没什么经验、手头没有积蓄，没有创业的资金，能创业吗？

答案是肯定的。

创业狭义上是指具有创业能力的人创设新的职业、创立新的行业。创业广义上还包括以工资形式就业后，在已有的工作岗位上努力工作、不断创新，把原有的事业开拓壮大。

创业，一个令人振奋的词语。每个怀揣创业梦想的大学生都在思索着怎样才能用自己现有的知识换取足够的财富，从而实现资本与市场的完美对接。

创业是诱人的，而让有些涉世不深的人忽略了创业的艰辛和其中的高度智慧。创业决不是简单的乌托邦式的理想，决不是几句响亮的口号和豪言壮语就能成功的，决不是仅凭一腔热血加美好梦想就能顺利地到达胜利的彼岸。

世界上任何一个人的创业成功，都不是一蹴而就的，都是慢慢磨砺出来的。创业是跑马拉松，不是跑百米，很多人以跑百米的精神去创业，才会造成创业的风险变高，幻想一夜之间暴富是不切实际的。

创业成功与否，除了必须具有一定的专业特长外，还要求大学生必须具有合理的知识结构、良好的心理素质和创新能力。

如何选择创业项目？如何为创业做最充分的准备？如何解决创业资金问题？创业应当具备哪些素质？如何最大限度地规避风险？

任何高人也不可能立刻让你有钱，激情与务实是创业成功的法宝。在创业的过程中，人不能没有激情，不能没有梦想，激情能让你战胜困难，勇往直前；同时，要让梦想变成现实，你还必须具备务实的态度和实干的精神，一步一步向目标前进。

个人创业更多的是要依靠前期科学的规划、多角度的观察、理性的分析、有效的资源分析与整合、成熟高效的运作技能、良好的商业心态等。

总之，就是要紧紧围绕你的创业目标，去有计划、有步骤的运作。

在瞬息万变的商业环境中，能影响我们创业的不定因素太多了，谁都无法保障，在下一个路口我们能选对方向，所以创业过程中会遇到挫折与失败是再正常不过的事情了。

也许有时候会觉得前途一片茫然，有时候会觉得自己很无助，有时候又觉得创业太过辛苦，无法再继续。但如同子夜到了黎明就不会远一样，胜利的曙光就在你最困难时刻的前面。坚持就是胜利。

阿里巴巴集团首席执行官马云曾经说过一句很经典的话："创业，今天很残酷，明天更残酷，后天会很美好，但绝大多数人都死在明天晚上，却见不到后天的太阳。所以我们干什么都要坚持！"

创业不但要披荆斩棘，还要以积极的心态对待风风雨雨，在这个充满创业激情的时代，勇于开拓、敢于创新的创业者必将大有作为。

目 录

第一章 想创业，别打无准备之仗

大学生创业任重而道远。创业可不是那么容易成功的，做任何事情，都必须要有所准备，才能有更大的获胜把握，准备是事情进行过程中最重要的基础步骤，如果毫无准备，莽撞行事，那么肯定是空手而归。所以在做事情前，要做好准备，把未来有可能出现的风险和情况都分析好，这样当事情发生的时候才能有备无患。

第二章　大学生创业知识全攻略

创业不是想当然的事情,自主创业成功与否,除了必须具有一定的专业特长外,还要求大学生必须具有合理的知识结构,尤其要对企业的设立及运营过程等管理专业知识有基本的了解。当选定自己创业的发展方向时,还要对专业知识有一定的掌握,并在发展中不断"充电"。

第三章　让创业的思维自由呼吸

有创业意识的人,要跳出传统的择业观念和思维模式。思维是成功的基石。如果说思维是春天播下的种子,那么成功就是秋天结出的果实。要想取得成功,就要多思多想。想别人没有想过的,做别人没有做到的,这正是成功人士的精明独到之处。

第四章　创业能力——你需要什么样的“金刚钻”?

俗话说,没有金刚钻别揽瓷器活。很多人把创业想象得太容易,遇到困难和挫折容易放弃。如果创业容易,成功还值钱吗?不断的学习,增强自己的能力,这样你一方面可以获得更多的创业资源,一方面可以把自己的事业做得更好。

第五章　你将选择何种创业方式?

创业的道路有千万条,也许你有一项高科技的成果,正想创办企业,将成果转化为经济效益;也许你有一个高利润的项目,打算兴办工厂,借机开创自己的事业;也许你对某行业有着浓厚的兴趣,想开个小店,市场无绝对的大和小,产品无绝对的好和坏,关键是看人怎么做。

第六章　创业智慧——用最少的力量办最多的事

一个创业者走上创业道路,不仅需要激情、勇气,更需要智慧,只要你开动脑筋,做个有心人,遇事善于用“市场眼”扫描一番,也许赚钱的机遇就降临到你的头上了。有出人意料的谋略才能最终战胜别人,赢得成功。

第七章 如何获得创业资金?

金钱不是万能,没有金钱万万不能,大学生创业者只有解决好了融资问题,才能将自己的技术和创意转化为赢利的工具,才能在激烈的市场竞争中立于不败之地。如何实现零资本创业呢?只要你广开思路,还是可以找到许多更有效更合算的筹资办法的。

第八章　创业路上的修炼，让事业茁壮成长

经验来自不断地摸索与积累，绝对没有哪一仁人志士天生下来就什么都懂、什么都会。千里之行始于足下，一定要踏实，一步一个脚印。创业者一定要对经营管理有足够的重视，因为市场如同无情的战场，他对弱者的惩罚并不会因为你的无知而有所宽容。

第一章
想创业，别打无准备之仗

大学生创业任重而道远。创业可不是那么容易成功的，做任何事情，都必须要有所准备，才能有更大的获胜把握，准备是事情进行过程中最重要的基础步骤，如果毫无准备，莽撞行事，那么肯定是空手而归。所以在做事情前，要做好准备，把未来有可能出现的风险和情况都分析好，这样当事情发生的时候才能有备无患。

1. 成功创业，从期望开始

心有多大，舞台就有多大。一个人只有对自己有所期望，才能有动力朝着自己希望的方向走去，才能一步步成为理想中的自己。

某音乐学院的一位教授在几周的授课里，分别给学生们难度越来越大的乐谱，而学生们每周都很难完成教授布置的功课，学生们只好硬着头皮，坚持练习，这样的情况还在继续，同学们也被弄得没有学习兴趣了，觉得这样下去怎么能学会音乐呢，对教授的教学方法也产生了怀疑。

终于有一天，在教授发难度更高的乐谱给学生时，一个学生忍不住质问教授。教授便拿出最早的那份乐谱，让这个学生弹奏一遍。奇怪的是，这个学生居然把这首曲子弹得很美妙动人。学生们都不敢相信眼前发生的事是真的。教授又拿出第二周的乐谱让学生弹，学生仍然弹得不错。

学生们都疑惑地望着教授，不解其中的道理。教授说，我不断提高乐谱的难度，是为了不让你们把自己最擅长的表现出来，因为那样，你们会很难获得提高。

很多人一事无成，不是因为机遇不偏爱他们，也不是因为上天没有赋予他们能力，只是因为他们根本就没想过自己会成功！设想一下，如果没有强烈的期望，就算机遇来临，你能够独具慧眼发现它吗？如果没有伟大的目标，你怎么有动力开发自己的潜力，发挥无穷的力量呢？不管一个人有多么超群的能力，如果对自己没有期望，都将一事无成。

人们获得成功的过程就是对自己设下期望，并克服重重艰难险阻去实现的过程。对自己有所期望，然后靠自己的努力去完成自己的期望，就会获得成功。不妨把自己的期望设定得高一点，“设定一个高目标，就等于达到了目标的一部分。”这一简单扼要的论断就是著名的吉格勒定理。

吉格勒定理由美国行为学家J·吉格勒提出，并被广泛应用于人才培养领域，训诫并启示着那些渴望获得成功的人们。

对自己有较高的期望值，就是要怀有一个远大的目标。因为有了远大的目标，就意味着你知道自己的目的地在哪里以及自己现在在哪里。如果一开始心中就怀有远大的目标，就会呈现出与众不同的眼界。有了一个高的奋斗目标，你的人生也就成功了一半。如果思想苍白、格调低下，生活质量也就趋于低劣；反之，生活则多姿多彩，尽享人生乐趣。

有一个十八岁的男孩来到钢铁大王卡耐基的建筑工地打工，别看他只不过是个乡村孩子，干的又是杂活儿，可是他志向不小，要做最优秀的人。

白天干活很累，到了晚上同伴们要么闲聊，要么喝酒，唯独他躲在角落里看书。一天，他又在看书，恰巧晚上来抽查工作的公司经理看到了这一幕，便问他学那些东西干什么。男孩儿礼貌地回答道：“我觉得公司并不缺少打工者，而是缺少既有工作经验、又有专业知识的技术人员以及优秀的管理者，对吗？”

在场的人都付之一笑，以为他在说大话。可是男孩却回答说：“我不是只为了赚钱，也不是在为老板打工，而是在为自己的梦想打工，为自己的远大前途打工。”

经理很赏识这个小男孩的志向和胆识，就破例让他到公司里发展，不再在工地上干杂活了。后来，小男孩通过自己的不断钻研，一步步升到了总工程师、总经理，最后被卡耐基任命为钢铁公司的董事长。最后，他终于自己建立了大型的公司，并创下了非凡业绩，实现了从一个打工者到创业者的飞跃。

他就是伯利恒钢铁公司的董事长齐瓦勃。

不想当将军的士兵不是好士兵。也许你会觉得普通士兵与将军的距离相差太大了，所以不敢给自己制订这样的目标，但是事实并不是这样，只要你对自己有这个期望，再通过自己的努力，把握机遇，就可能实现自己的将军梦。

当你把自己的视野定为一个普通打工者的时候，那么你永远也只可能是一个打工者；而当你树立宏伟志向时，你会自动自发的学习、完善自己，你就很有可能成为下一个伟人。所以，不要害怕给自己制订一个现在看起来并不现实的目标，只要你肯努力，把握了正确的方向，那么，总有一天你会把那个曾经看起来过高的期望变成现实。

1969 年，迪布·汤姆斯在美国俄亥俄州成立了一家汉堡餐厅，并用女儿的名字为餐厅起名叫温迪快餐店。在当时，与其他汉堡业巨头比起来，温迪快餐店只是一个名不见经传的“小弟弟”。迪布·汤姆斯毫不为此气馁，他从一开始就为自己制订了一个高目标——赶上快餐业老大麦当劳！

迪布·汤姆斯一开始走的是隙缝路线，把顾客定位在 20 岁以上的青壮年群体。为了吸引顾客，针对麦当劳汉堡的牛肉含量较少的弱点，温迪在每个汉堡上的牛肉增加了一点。1983 年，美国农业部调查发现麦当劳号称有 4 盎司汉堡包的肉馅重量其实不到 3 盎司！迪布·汤姆斯认为牛肉事件是一个可以利用的好机会，于是请来了著名影星克拉拉·佩乐为自己拍摄了一则后来享誉全球的广告：广告说的是一个喜欢挑剔的老太太正在对着桌上的一个硕大无比的汉堡包喜笑颜开。

当她打开汉堡时，惊奇地发现牛肉只有指甲片那么大！她先是疑惑、惊奇，继而大喊：“牛肉在哪里?”这广告马上引起了民众的共鸣。一时间，“牛肉在哪里?”不胫而走，迅速传遍了千家万户。在广告取得巨大成功的同时，迪布·汤姆斯的温迪快餐店的支持率也得到了飙升，营业额一下子上升了 18%。

凭借不懈的努力，温迪的营业额年年上升，直逼麦当劳坐上了美国快餐业的第三把交椅。

如果迪布·汤姆斯被麦当劳的强大势力压倒，不敢去奢望自己能够与这样一个巨人抗衡，会有温迪快餐的最终成功吗？人只有对自己有所期望，有所要求时，自己才会更有前进的动力，这样才能让自己在通往成功的路上有明确的方向。

也许你会觉得有些目标很难达到，所以害怕尝试，但是事实上也许并不是这样，当你尝试了更高的目标之后，原来觉得不可实现的目标在你眼里也会变得容易起来。

提高自己的期望值，不是好高骛远，而是在自己能力允许的范围内，制订高于自己目前实力的目标，然后让自己去接近这个目标，不断提高自己的能力，最终能让自己达到一个新的高度。

2. 你为什么而创业?

随着大学扩招，毕业生的迅速增加，社会需求基本上保持在扩招前的水平，而用人单位大多希望是要有几年工作经验的“成手”，毕业生就业压力越来越大。面对这种形势，选择自主就业既可以为自己寻找出路，又是为社会减轻就业压力。

当创业的热潮随着中国经济快速发展的步伐再一次掀起的时候，立志于创业的话题将永远成为中华民族这个伟大时代的主旋律。

在“想唱就唱”的时代，创业似乎也不再是那么高不可攀的事情，留学生创业园、高科技创业园层出不穷，大学里的创业大赛、网络上的web2.0风潮……一切都在刺激着年轻人的想法和激情。

当前，想要开始自主创业的人并不少，这方面的意识越来越明显，大学生们不再依赖家长、学校，而是主动发现、寻找机遇，总结起来，以下8大理由是目前大学生想要自主创业的主要动机。

(1) 偶像崇拜

比尔·盖茨、张朝阳等人的名字在大学生中并不会陌生，他们的创业故事也为同学们津津乐道。作为偶像，这些人的经历给大学生提供了自主创业的经典，对未来的美好愿望，希望自己有那么一天也能向他们一样成就一番事业，出人头地。

(2)“创业”本身就是一种职业

很多大学生认为创业本身就是一种职业，在就业高峰，给自己一片更广阔的天空，并且很多人都认为在今后的社会中，自主创业的人会越来越多，甚至成为就业的主流，成为大学生毕业后就业的首选。

(3) 经济的要求

经济原因也是大学生选择自主创业的一个重要原因。在以经济建设为中心的大环境中，工作待遇是不得不考虑的一个重要因素，自主创业可能带来的就是良好的经济效益。

(4) 替别人打工不如为自己打工

大部分选择自主创业的学生都是抱着这种心态，认为自己的事业，做起来会更有工作激情，更投入，从而更容易成功。这种成功是属于自己的；另一方面，就算失败，也是自己造成的，不会去怪别人，不会感到遗憾。

(5) 实现自我价值

一些自我意识很强的学生，选择自主创业是为了通过这一途径来证明自己的能力，在一些单位由于制度的约束，无法按照自己的想法来做事，创业可以有一个空间来发挥，来实现自我价值，得到社会的认可。

(6) 无奈之举

当然，找不到工作也是毕业生选择创业的一个原因，大量的毕业生涌向市场，一些人必然要面对的问题就是找不到工作或是短时间内找不到合适的工作，在这种情况下选择创业也是一种无奈之举。

(7) 嫉妒

有的学生他们的中学同学或是朋友早就中专毕业或是早就下海，事业已小有成就，而自觉是大学生的清高心理促使其产生创业的想法，为的是“我要过得比你好”，虽然这并不是什么坏事，但不能否认，在一些想创业的人中，确实有这种心态。

(8) 时间自由

对很多人来说，时间上的自由可以说是最大的动力。朝九晚五的工作时间不是每个人都能适应，如果自己创业，时间的掌握上就比较自由一点，这也是为什么现在出现自由职业者的原因。

因为这个原因选择创业的学生都认为自我空间很重要，没有必要没有事还要守在单位里浪费时间，可以做更多自己想做的事情，如果有事，就算不睡觉也没什么。

创业听上去是一件很美的事，但并不是对所有人都适合。令人艳羡的创业者们似乎有着某些特殊的基因——创造的欲望、不灭的激情、勇于面对风险。为了满足对个性的追求、对自我证明的渴望……他们选择了创业。

20 多年前兴起的那次创业大潮，或者说 1992 年之后的那一波下海风，让众多壮志满怀、渴望成功、胆识过人的弄潮儿投入其中，中流击水，创造了一个又一个的财富神话，一桩又一桩的创业传奇。这些神话与传奇在今天仍有不少为人们津津乐道。回望历史，谁也无法否认，创业改变了中国，更准确地说，一批又一批的创业者推动了经济，推动了中国，也推动了历史。

改革开放三十年来几代中国创业英雄的传奇再一次被人们忆起，无数青年的创业热血被激情点燃，创业精神也将从此一站站传承下去。

创业，也不是一件容易的事，不管是对个人还是团队、企业而言，都是要受各方面因素的制约和影响的。创业过程是一个在不断选择中抉择的过程，是成功与失败交织在一起的过程，是一个项目从孕育、出生、发育、成长的漫长过程。

3. 大学生创业，除了梦想还要准备什么？

激情与梦想往往是大学生创业的原动力，然而，除了梦想，创业者们还需要准备什么？

（1）做好充分的市场调研

虽然刚刚毕业，但某网络公司总经理王亮已经有两年多的创业经历了。在其公司发展的过程中，经营项目扩展到电子商务服务、企业信息化软件、办公自动化、无线网络产品等诸多领域，而他也成为两个公司的总经理，这时他正在上大学四年级，距离毕业还有3个月。王亮的创业从大二就开始了，当时他与同学一起开始创业。作为过来人，王亮认为大学生创业最好是从最熟悉的行业或领域开始。

不少大学生创业者不习惯对其产品或项目做市场调查，而是进行理想化的推断，例如："如果有3亿人需要我们的产品，每件售价100元，我们就有300亿元的销售市场"这种推断方法是站不住脚的，而且常常起着误导作用。

王亮建议大学生在创业初期一定要做好市场调研，一些可行性研究也可委托专业机构进行，在了解市场的基础上创业，才能长久。

专家认为，创业是一个系统工程，它要求创业者在企业定位、战略策划、产权关系、市场营销、生产组织、团队组建、财务体系等一系列领域有一定的知识积累，大学生有了好的项目或想法，只是代表"创业的长征路"刚跨出了一步。

而在大学生创业者中，认为凭一个好的想法与创意就代表一定能创业成功观念的人也不少，而在创业准备时对可能遇到的问题准备不充分或根本就没有思考对策与设计好退出机制，对来自各方面的反面因素浑然不知，而导致一开始便遇到各种各样的难题，使创业者还没有走出多远，即以失败告终。

所以创业者不是全才，但要着眼于全才。

（2）团队精神必不可少

团队精神也许是最平常最易懂的管理概念了，但由于大学生这一特定创业群体，一般为年龄在25岁以下的大学生，他们的社会与人生经验都不足，而且处于热血沸腾的感情阶段，个性化、自信力等都较强，所以在团队组建、团队分工、团队规则制度等诸多体现“人与人合作”的工作中，大学生创业者往往会出现“一人是龙，二人是虫”的情形。在实际工作中，大学生常常会出现以己为主、刚愎自用等不利于合作创业的情形。

一个人想独自创业是很难的，因此找到与你志同道合、有创业激情的人组成创业团队是明智之举，一个人的能力再强也干不了全部的事，因此要找到合适的合伙人或合作人后合理做好分工。

首先要确立未来企业的主心骨也就是核心领导人，同时确定未来企业的四梁八柱，也就是说各个部门的负责人员，在职权分配的过程当中要职责明晰，职务明确责任到人。

在风险投资商看来，再出色的创业计划也具有可复制性，而团队的整体实力是难以复制的，因此他们在投资时，往往更看重有合作能力的创业团队，而非那些徒有想法的单干者。对打算创业的大学生来说，强强合作，取长补短，要比单枪匹马更容易聚集创业优势。

（3）具备承受风险的良好心态

一次营销决策失误、一次小型财务危机抑或是一次上门推销失败，都有可能成为大学生创业路途中的绊脚石，都会在一定程度上打击没有打创业持久战准备的大学生创业者，让他们在心理上元气大伤。

其实大学生要正确看待创业过程中遇到的问题与麻烦，这是十分正常的现象，只要在犯错后迅速改正，或多请教别人的意见与建议，一定会吃一堑长一智，在交了犯错误的“成本”后，要善于分析与总结，要学会从失败中找到自己的弱点与不足，并加以改正。很难想象没有错误的创业会成功。此外，时刻保持创业激情，也是突破创业瓶颈不可忽视的精神力量。

一项有利润的新事业必须要有充分的流动资金，并且要能与实际经营运作时所需的开销相平衡。两年多的创业经历使得王亮意识到，草拟一份精确的年度预算表并不容易，即使是一位最有预算概念的大师来编列预算表，还是多少会有低估预算，或遗漏些小细节，这些小细节常常是发生在预算表中的杂支及超支项目。

有时公司成长太快也会出现这些小麻烦。不管公司状况如何，一份理想的预算报告最好在编列预算时，稍微调高所需预算比例，直到公司可以负担营运成本以及本已低估的获利能力。最好是听听其他同业的意见，并在编列具体的预算评估表时能按照专家建议，把最好和最坏的财务评估案例折中试算，然后把预算设定于两者之间。

专家则建议去一趟会计事务所将会让你对公司的开销、营收及流动资本运作计划更了解。

（4）有坚持到底的信心

在创业的初期，王亮的感觉就是两个字——“苦”“乐”，与合作伙伴向朋友借了一间房子，一台台式电脑、一个笔记本电脑、一台打印机、一部电话两套桌椅这就是全部家当。他们的第一个项目是图书网站，但接的第一个订单与电子商务毫无关系是给其他单位做纪录片，一个片子两千块一个月能做两个，他们就靠着这每个月的四千块钱来支撑图书网站，他说：“我第一次感觉到了那个真理——钱不是好赚的。”

随着公司的发展，各种问题也都出现过，如资金不足、市场竞争、经验不足等，从走出校园到现在的确吃了很多的苦也犯过很多错，但同时也得到了很多同龄人得不到的宝贵经验和教训，但是信心从未动摇过。

再充分的创业准备都是不完善的，再周密的商业计划书也难免有没有顾及的地方，再团结的创业伙伴也会发会摩擦，再厚实的资金也有周转不灵的时候——这些都说明在瞬息万变的创业环境中，能影响创业的不定因素太多了，谁都无法保障，在下一个路口能选对方向，所以创业过程中会遇到挫折与失败是再正常不过的事情了。

4. 准备为你赢得一切

创业让一个人实现从“职业”到“事业”的转型，这样的诱惑常常让大多数人的天平最终向创业倾斜。多数人都想创业，都想有一个属于自己的事业，哪怕它很小很小。

创业光有热情还不行，没有资金，没有方向，没有经验，就是时机和条件尚未成熟。如果条件不成熟就盲目创业，会导致投入大、产出小；项目不准，资金套牢；经营不利，血本无归等后果。

创业是一项庞大的工程，涉及融资、选项、选址、营销等诸多方面，因此在职人员创业前，一定要进行细致的准备。

“不为明天做准备的人永远不会有未来”——卡耐基如是说；爱因斯坦也曾经说过：“机遇偏爱有准备的头脑”，只有事前有所准备，在做事情的过程中，才能事半功倍。

准备是事情进行过程中最重要的基础步骤，如果毫无准备，莽撞行事，那么肯定是空手而归。所以在做事情前，要做好准备，把未来有可能出现的风险和情况都分析好，这样当事情发生的时候才能有备无患。

有个心理学家曾做过这样一个实验：他找来一些学生，并把他们分成三组进行投篮技巧训练。

记录下第一组学生第一天的投篮成绩，然后在20天内让他们每天都练习投篮，再把最后一天的成绩记录下来。

第二组学生也记录下第一天和最后一天的成绩，但在此期间不做任何练习。

记录下第三组学生第一天的成绩，然后让他们每天花20分钟在想象中进行投篮；如果投篮不中时，他们便在想象中做出相应的纠正。

实验结果表明：第二组的成绩没有丝毫长进；第一组进球率增加了24%；第三组进球率增加了26%。

由此，他们得出结论：行动前进行头脑热身，想清楚要做的事的每个细节，将思路梳理清楚，然后把它深深铭刻在脑海中，在之后的行动中就会得心应手。

美国行为科学家艾得·布利斯由此总结出了著名的“布利斯定律”，即：用较多的时间为一次工作进行事前准备，做这项工作所用的总时间就会减少。

这个实验告诉了我们计划的重要性。做事没有计划，行动起来就必然会是一盘散沙。只有事前拟订好了行动的计划，梳理通畅了做事的步骤，做起事来才会应付自如。

其实很多人之所以失败，很重要的一个原因就是因为没有养成先思后行的习惯，要么是只按别人说的做，要么是做到哪里算哪里。花足够的时间去思考和准备，既简单又有效，所以，做事时不要一味盲目地埋头去做，而是要先做必要的准备，才能少走弯路。

制订的目标应该是明确的，计划应该是详细的。目标犹如人的眼睛，目标不明确就如同人没有眼睛；计划犹如人的手脚，计划不详细就如同没有手脚，剩下的就只有空想。因此，要想成功，一定要有明确的目标，这样你才能有积极性，同时，详细的计划也必不可少，这样你才会受到驱动。目标像是灯塔，指引着你的方向；而计划就是航线，时刻纠正着你的行动。

乔·吉拉德有美国“销售之王”的美称。但是在刚刚接触推销行业的时候，乔·吉拉德发现自己几乎是一败涂地：他一个月打出了2000多个电话，平均每周40个。打电话的数量一多，工作就杂乱起来。他希望找到一个办法，使他的工作井然有序，但却一直没有成功。

后来他认识到，要提高工作效率——正如中国那句俗语——磨刀不误砍柴工——就必须花足够多的功夫去磨刀，也就是事前做好计划。吉拉德把所打的电话记在卡片上，这样的话，每周有四五十张卡片。接下来，根据卡片的内容安排下次的话题，要写的信，再排出日程表，列出周一到周五的工作顺序，这其中包括每天要做的事。

当然做计划既琐碎又枯燥，往往要花去四五个小时，刚开始时，他总是做到一半就想放弃。但是坚持一段时间后，他就尝到了甜头，因为做好计划之后，他的工作效率大大提高了。自此以后，吉拉德不再急着打电话，而是抽出一上午的时间做好计划工作，接下来就是精神饱满、激情飞扬、信心十足地会见客户。

事实也证明了吉拉德的磨刀功夫极为成功，现在的他，不可同日而语。要确保成功，就必须制订计划。事实证明，拿出足够的时间来做计划，效果惊人。

正如商界大亨亨利·杜哈蒂说过的那样："我只做一件事，思考和安排工作的轻重缓急，其余的完全可以雇人来做。"

其实很多人之所以失败，很重要的一个原因就是因为没有养成先思后行的习惯，要么是只按别人说的做，要么是做到哪里算哪里。花足够的时间去思考和筹划，制订一份明确具体的计划，是应对所有困难必不可少的重要法宝。

根据美国《商业周刊》的企业排名显示：三星 2004 年仅以一位之差排在索尼之后，成为亚洲第二大品牌。而在此前的许多年中，三星曾一度是廉价货的代名词。

在 1993 年洛杉矶举行的电子行业出口产品当地评价会议上，三星把竞争对手的产品与自己的产品放在一起进行比较，三星产品无论是设计还是性能上都存在着巨大的差距，三星产品只能甘拜下风。痛定思痛，三星会长李健熙提出了"学习"与"准备"的发展策略。三星电子学习的对象是索尼和松下，重工业学习的是三菱，库存管理学习的是西屋电器、苹果计算机、联邦速递，顾客服务学习的是施乐，物流学习的是 HS 和玫凯琳……

三星还陆续将国内的生产基地转移到生产成本具有比较优势的国家和地区，将研发、设计、研究所等都逐步迁往欧美发达国家，以跟踪最前沿的技术。与此同时，三星还大规模提拔了一批在海外经营中具有丰富实战经验的人才。

另外，三星的准备不仅仅只是针对产品成本、生产技术和人力资源，也包括融资方面。以三星对中国的投资为例，在长达3年的跟踪调查和周密论证的基础上，三星认为，中国未来的几年中，通信、半导体、电子零部件、保险、证券等行业发展潜力巨大，是能得到高额回报的。于是，三星对中国的这些行业进行了大规模的投资。在赢得高回报的同时，还迅速扩大了自己的企业知名度。

正是在这些准备工作的基础上，三星公司才能全方位地发展，在世界一流企业的行列中站稳了脚跟。我们在三星公司高速发展的背后，也可以得出这样一个结论，只有全面的准备才能得到发展的机会。这有些像大多数人都熟悉的木桶原理：决定木桶容水量的恰恰是那块最短的木板。

有所准备才能赢得一切，已经成为了大家都明白的道理，但是真正做到的人却为数不多，要想做到有所作为，首先要做好准备，事先做到胸有成竹，这比一边走一边琢磨效果好很多。

5. 大学生创业容易出现什么风险？

创业风潮席卷了神州大地，创业者要认真分析自己创业过程中可能会遇到哪些风险，这些风险中哪些是可以控制的，哪些是不可控制的，哪些是需要极力避免的，哪些是致命的或不可管理的。

一旦这些风险出现，你应该如何应对和化解。特别需要注意的是，一定要明白最大的风险是什么，最大的损失可能有多少，自己是否有能力承担并渡过难关。本文将为你详细解析大学生创业中存在的诸多风险。

（1）项目选择太盲目

目前，大学生创业的项目选择多集中在高科技领域和智力服务领域，如软件开发、网络服务、网页制作、家教中介、设计工作室等。此外，快餐、零售等连锁加盟店也是大学生青睐的创业项目。但是，大学生并不了解市场，如果缺乏前期的市场调研和论证，只是凭自己的兴趣和想象来决定投资方向，甚至仅凭一时心血来潮就决定干哪一行，一定会碰得头破血流。

大学生创业者在创业初期一定要做好市场调研，也可委托专业机构进行可行性研究，在了解市场的基础上创业。一般来说，大学生创业者资金实力较弱，选择启动资金不多、人手配备要求不高的项目，从小本经营做起比较适宜。

（2）缺乏创业技能

很多大学生创业者眼高手低，既不了解创业的相关政策法规，也没有在相关企业的工作、实践经历，缺乏能力和经验，却对创业的期望值非常高。当创业计划转变为实际操作时，才发现自己根本不具备解决问题的能力，这样的创业无异于纸上谈兵。

市场瞬息万变，时刻都有风险，但不会有人及时提醒你风险在哪里，防范风险只能靠自己增加本领。

一方面，去企业打工或实习，积累相关的管理和营销经验；另一方面，积极参加创业培训，积累创业知识，接受专业指导，提高创业成功率。

(3) 社会资源贫乏

由于长期身处校园，大学生掌握的社会资源非常有限，而企业创建、市场开拓、产品推介等工作都需要调动社会资源，大学生在这方面会感到非常吃力。

创业前，可以先到相关行业领域工作一段时间，通过这个平台，为自己日后的创业积累人脉。

(4) 管理风险

创业失败者，基本上都是管理方面出了问题，其中包括：决策随意、信息不通、理念不清、患得患失、用人不当、忽视创新、急功近利、盲目跟风、意志薄弱等等。

特别是大学生知识单一、经验不足、资金实力和心理素质明显不足，更会增加在管理上的风险。

要想创业成功，大学生创业者必须技术、经营两手抓，制定科学规范的管理制度。可从合伙创业、家庭创业或低成本的虚拟店铺开始，锻炼创业能力，也可以聘用职业经理人负责企业的日常运作。

(5) 资金风险

资金风险在创业初期会一直伴随在创业者的左右。是否有足够的资金创办企业是创业者遇到的第一个问题。

企业创办起来后，就必须考虑是否有足够的资金支持企业的日常运作。对于初创企业来说，如果连续几个月入不敷出或者因为其他原因导致企业的现金流中断，都会给企业带来极大的威胁。相当多的企业会在创办初期因资金紧缺而严重影响业务的拓展，甚至错失商机而不得不关门大吉。

（6）竞争风险

寻找蓝海是创业的良好开端，但并非所有的新创企业都能找到蓝海。更何况，蓝海也只是暂时的，所以，竞争是必然的。如何面对竞争是每个企业都要随时考虑的事，而对新创企业更是如此。

如果创业者选择的行业是一个竞争非常激烈的领域，那么在创业之初极有可能受到同行的强烈排挤。一些大企业为了把小企业吞并或挤垮，常会采用低价销售的手段。对于大企业来说，由于规模效益或实力雄厚，短时间的降价并不会对它造成致命的伤害，而对初创企业则可能意味着彻底毁灭的危险。

因此，考虑好如何应对来自同行的残酷竞争是创业企业生存的必要准备。

（7）团队分歧

现代企业越来越重视团队的力量。创业企业在诞生或成长过程中最主要的力量来源一般都是创业团队，一个优秀的创业团队能使创业企业迅速地发展起来。但与此同时，风险也就蕴含在其中，团队的力量越大，产生的风险也就越大。

一旦创业团队的核心成员在某些问题上产生分歧不能达到统一时，极有可能会对企业造成强烈的冲击。

事实上，做好团队的协作并非易事。特别是与股权、利益相关联时，很多初创时很好的伙伴都会闹得不欢而散。

（8）核心竞争力缺乏

对于具有长远发展目标的创业者来说，他们的目标是不断地发展壮大企业，因此，企业是否具有自己的核心竞争力就是最主要的风险。一个依赖别人的产品或市场来打天下的企业是永远不会成长为优秀企业的。

核心竞争力在创业之初可能不是最重要的问题，但要谋求长远的发展，就是最不可忽视的问题。没有核心竞争力的企业终究会被淘汰出局。

(9) **人力资源流失**

一些研发、生产或经营性企业需要面向市场，大量的高素质专业人才或业务队伍是这类企业成长的重要基础。防止专业人才及业务骨干流失应当是创业者时刻注意的问题，在那些依靠某种技术或专利创业的企业中，拥有或掌握这一关键技术的业务骨干的流失是创业失败的最主要风险源。

(10) **意识上的风险**

意识上的风险是创业团队最内在的风险。这种风险来自于无形，却有强大的毁灭力。风险性较大的意识有：投机的心态、侥幸心理、试试看的心态、过分依赖他人、回本的心理等。

大学生创业过程中所遇到阻碍并不仅此几点，在企业发展过程，随时都将可能有灭顶之灾的风险。保持积极的心态，多学习，多汲取优秀经验，结合大学生既有的特长优势，我们相信，大学生创业的步伐，会越走越远，越走越稳。

6. 规划方案——引入水源的挖渠计划

商业计划书（Business Plan），是公司、企业或项目单位为了达到招商融资和其他发展目标之目的，在经过前期对项目科学地调研、分析、搜集与整理有关资料的基础上，根据一定的格式和内容的具体要求而编辑整理的一个向读者全面展示公司和项目目前状况、未来发展潜力的书面材料。

为了能有效地引入宝贵水源，挖渠者在挖渠前要制订一份挖渠计划，对渠要开多大、多深，水源的方位和流量以及挖渠过程中可能会碰到危险和困难等，要有清楚的了解。如果说财富就是水的话，企业家就是挖渠者。

而一份好的商业计划书就像一份挖渠计划，它能帮助创业者对自己所创立的企业、所面对的市场以及潜在的风险等做出清晰的分析和判断。

（1）商业计划书的目的

一般有两个：创业融资，在创业前或创业中期利用商业计划书向外部投资者寻找投资，商业计划书是融资过程中不可缺少的一部分；发展规划：很多人错误地认为只有创业者在融资时才需要一份商业计划书，实际上公司发展的每个阶段都需要一份相应的商业计划书，它不仅有助于诸如向外部融资等企业的资本运作，而且有助于企业整理、思考并确定其中长期的发展战略和规划。

（2）商业计划书应多长

这没有一个固定的答案。商业计划书可长可短，但总的来说取决于计划书的用途和创业内容。如果你是要用商业计划书去说服别人来帮助你向风险较大的创业项目投资，那么你的商业计划书可能需要相当的篇幅来介绍你所将创立的业务，并要让投资者相信，他/她所冒的风险是值得的。

如果你的计划书只是用于企业内部管理，那往往只需一个简短的篇幅。如果你所将创立的是一个全新行业，那商业计划书往往需要很长的篇幅。但这并不是固定不变的。

amazon. com 的创立人 Jeffbezos 当年就用一块餐巾纸向投资者描述了创立 amazon. com 的计划，并成功地得到了宝贵的 20 万美元的种子投资。

如今，amazon. com 已发展成为市值 140 亿美元的公司了。遗憾的是，绝大部分创业者没有 Jeffbezos 那样的好运。

(3) 如何写商业计划书

首先，你应做“回家作业”。请闭上眼好好想象一下 5 年后你所创立的企业会在干什么？会有多大规模？增长速度会有多快？在有了目标后，接下来你就要想想采取何种方式和通过何种途径来达到这个目标。最后，你只要把你的所有想法汇总到纸上，你的商业计划书就成型了。

(4) 商业计划书的形式

word 型，就是一大篇文章，以文字阐述为主。这种形式的优点是内容完整，结构严谨，能较好地反映公司的全貌但缺点是往往篇幅较长，阅读费时费力，读者难以把握重点。

ppt 型，以幻灯片方式表现。这种形式的优点是生动活泼，重点突出，易于为人理解但缺点是不够严谨和完整，难以全面细致地反映公司全貌。在现实中取哪种形式要视目的、对象等具体情况而定。不过，ppt 型受到越来越多的青睐也是不争的事实。

(5) 商业计划书主要部分

①行业背景

在这部分，应详尽全面地介绍企业的产品或技术和企业所处的行业背景。行业背景一般包括行业现状、规模和将来的发展方向。如果行业中有几个市场区分，应逐一介绍。并对公司所对应的市场区分以及任何将会影响或改变这个行业市场区分的新产品，做出重点分析。

接下来应该介绍你所创立企业的商业模式、市场定位、所生产的产品或可提供的服务。重要的是突出你的企业如何形成可持续的竞争力，突出你的产品和服务的特殊性和与众不同的地方。要注意的是，在引用外部资料时，应注明资料来源，这对外部投资者来讲是非常重要的。

②市场竞争

在这个部分里，应详细地介绍企业所面对的市场环境及竞争的状况。首先创业者应清楚地分析公司产品或服务所面对的市场区分的规模、潜力和增长率并指出谁是主要的竞争对手。

竞争对手包括现在已存在的和今后潜在的竞争对手。在清楚地认识竞争对手后，应说明竞争者的策略，并对他们的优势和弱点做出分析。典型的分析包括 SWOT 分析（S：优势，W：劣势，O：潜在机会，T：威胁）。

③发展计划与风险评估

在这部分应向读者介绍产品研发、生产和市场销售的计划，并做出一个相应财务计划来说明在每个阶段需要多少资金来完成目标。对产品发展过程中的每个阶段都必须要设立一个大致的时间表，并建立一个可估算的发展计划。

同时在这个部分中，应对企业做出一个客观的风险评估。包括技术风险评估、市场开发风险评估以及财务风险、政策风险、法律风险评估等等。通过风险评估，应使读者对企业经营的主要风险有所了解。

④组织架构和管理团队

在这部分里，应向读者介绍公司的组织架构及高层管理团队各成员的背景、阅历，他们的分工以及他们在公司中所承担的责任。公司管理层和公司组织架构介绍应尽可能详细，因为一个好的管理团队和组织架构是企业发展成功的必要条件。

⑤财务简介

财务一般是放在商业计划书的结尾部。但这并不说明它不重要，有经验的投资者会很仔细地检查每个财务数据。应客观地对公司财务做出介绍和分析，并对主要假设做出详细的说明。

三个比较常见的财务报表是现金流量表（Cash Flow Statement）、损益表（Income Statement）和资产负债表（Balance Sheet）。一般来说，最近一年的财务报表还需提供每个月的财务情况。

⑥融资需求

在这部分，应将融资金融、资金用途及融资的大致时间表逐一介绍并做相应分析。如果公司对自身有一个初步的估值，也最好在这里进行披露。也可将公司对投资人的要求、愿意出让多少股权、愿意给予多少优先权利等做详细说明。

⑦总结（executivesummary）

总结部分告诉读者，你是干什么的？需要什么？所需东西有何用处？总结部分可包括以下内容：简短地介绍所创企业的股东结构、商业模式、产品和市场，直截了当地告诉读者你将生产的产品是什么、谁是你的顾客和为什么企业会有竞争力，直截了当地勾画出公司今后的财务情况，包括销售规模、利润等。

清楚明了地指出需要多少资金达到预期目标以及所需资金的主要用途总结部分应该简短，起到画龙点睛的作用，篇幅一般不超过两页。

总之，一份商业计划书是创业者所必需的。创业者首先应对所创立的企业有清楚的了解。只有对要挖的渠有全面清楚的了解，才能做到水到渠成。

7. 创业过程的基本法则

创业的方式有很多，通向成功的路也不止一条，但创业的过程也是有些相通之处的。如果你要创业，必须遵循这样几个普遍原则。

（1）创业要有足够的资源

很多人在初次创业的时候，都是资源十分欠缺的。资源不足，使企业创业成功的概率降低，但要有完全充分的资源也是不可能的。在资源具备上，一般来说，要符合两种条件：一是要有进入一个行业的起码的资源，另一方面是具备差异性资源。如果任何条件均不具备，创业成功的可能性很小。

创业资源条件主要包括几个方面：

业务资源：赚钱的模式是什么；

客户资源：谁来购买；

技术资源：凭什么赢取客户的信赖？

经营管理资源：经营能力如何；

财务资源：是否有足够的启动资金；

行业经验资源：对该行业资讯与常识的积累；

行业准入条件：某些行业受到一些政策保护与限制，需要进入资格条件；

人力资源条件：是否有合适的专业人才。

以上资源创业者也不需要 100% 的具备，但至少应具备其中一些重要条件，其他条件可以通过市场化方式来获取。创业者如有足够的财务资源，其他资源欠缺也可以弥补；如果有足够的客户资源，其他资源的欠缺也容易改变。

创业具备的条件是：足够的资本、行业经验、客户资源、技术创新、商业运作能力、与即将面对的竞争对手相比是否有明显的优势。

（2）创业前要慎思

创业前要认真思考、反复评估、考虑成熟再行动。除了要足够的资源准备外，心理准备最重要。以下几个方面问题，值得好好思考。

第一，我为什么要创业？是否有足够的决心，愿意承担风险吗？过去的利益是否舍得放弃？

第二，我是否具备创业者应有的能力与素质，是否能承受挫折，是否具有综合全面的素质，还是有专项技术特长？

第三，我创业成功的核心资源优势是什么？我具备的条件是：足够的资本？行业经验？客户资源？技术创新？商业运作能力？与即将面对的竞争对手相比是否有明显的优势？

第四，是否有足够的耐心与耐力度过创业期的消耗，估计通过多长时间走过创业瓶颈阶段，自己有多长时间的准备。

第五，创业最大的风险是什么，最坏的结果是什么，我是否能承受？不要只想到乐观的一方面，对风险一定要有充分的心理准备，否则，一碰到现实状况与想象不一样，一下会造成信心动摇。

回答清楚以上问题之后，再决定是否创业不迟。很多创业者的失败，都是与创业前心理准备不够，匆匆忙忙进行创业，最后失败得一塌糊涂，假如准备不足，条件不具备，晚一点创业也不迟。

（3）先有业务，再创业

进入该行业为别人打工，通过打工的经历来积累经验与资源。

那么“学费”自然由别的老板给你付了。

很多人创业是迫于生存的压力，希望赚多点钱，过上较好的生活。因此，在创业之初，是无所谓事业的，创业选择极具盲目性，为创业而创业，在刚开始创之前，进入什么行业，以什么为盈利模式，都是一片茫然。很多创业者，先将公司注册好了，再考虑业务范畴。

创业者在创业之前，一定要有明确的创业方向，再决定创业。假如，选择了某一个行业，创业前一定要积累一些该行业的经验，收集相关的资讯，如果有可能，可以先考虑进入该行业为别人打工，通过打工的经历来积累经验与资源。那么“学费”自然由别的老板给你付了，也就用不着自己创业时间交学费，行业知识、客户资源渠道，赢利模式都有了，再创业，成功就指日可待了。

（4）经营能力最重要

经营赚钱的能力是最重要的，只要有非常出色的经营能力，自然会找到投资者，很多投资家天天都在找好项目投资。

很多年轻人在创业时，过多强调资金因素影响力，其实不然，创业条件中资金虽然很重要，但最最重要的是创业者个人的经营能力，特别是业务能力。如果资金是根本因素，那好，我给你投资1000万，你经营什么，你有什么可以确保赚钱吗？我想，很多人恐怕都无法保证，也不知道投资干什么，所以资金因素不是唯一的。

经营赚钱的能力是最重要的，只要有非常出色的经营能力，自然会找到投资者，很多投资家天天都在找好项目投资。

在创业初期，创业者个人的能力非常重要，事无巨细，都要自己亲自动手，创业不是一件很轻松的事情。在创业者的个人能力中业务能力，开发客户能力，综合应变能力十分重要。创业者其实很多时候就是一个业务经理，能够拿到订单什么都好办了。很多创业成功者，都是做业务出身。有了客户，有了订单，自然的事情都变得容易了。

对于有志创业者而言，不断打造好自己的经营能力是至关重要的。从学做业务开始，是一个好办法，当能力有了，创业机会自然很多，特别是今天，进入靠能力赚钱的时代，经营能力更是重中之重。

（5）内部创业更容易

在创业者中，有几种成功的类型，自己从零开始独立创业成功者，有技术与他人合作成功者，在企业内部创业成功者。

一个创业者比较好的选择就是有计划与策略地进入一家成功公司，先取得老板的信任，再找准机会，建议老板从公司发展角度投资新项目，这样创业的机会就有了，作为项目的提出者，自然会被老板赋予重任。很多企业都会有发展新项目的需要，如果冒昧地找人投资，合作机会不会太多，关键是一个信任感的问题，萍水相逢，人家为什么要信任？国内企业管理控制乏力，企业用人时，对忠诚度的在意，甚至超过对能力的重视。

从企业内部创业，有很多有利条件：雄厚资本实力的支持、管理的指导、综合资源的共享、业务资源的利用、品牌形象借助等，如果创业公司的业务与母体公司的业务有延续性，或关联性，创业起来更容易成功。

8. 创业规划需要关注的模块

现今社会有钱人多的是，许多人几乎天天都在动脑筋找寻新的事业投资。要创业成功，除却天时、地利、人和等背景因素外，还要不断吸取以往成功人的经验，特别要富有自己的创意。

有关部门的调查显示，很多创业者在创业时目的并不明确，且大多并未做好创业规划，这也是创业成功率偏低的主要因素。

如今是科学创业的时代，成功的创业要以理性的规划为基石。创业行动，规划先行，创业者特别要关注以下创业规划模块。

(1)“炼钢”模块

上海著名的民营企业家田万鸿，艰辛创业18年，遭遇种种坎坷，最后获得成功，靠的就是坚强的创业意志。创业规划，首先要做好磨炼意志的功课，如为自己树立一个意志坚定的榜样；尝试一项需要毅力的体育活动等。

(2)“储能”模块

创业者必须有市场生存和发展的能力，而能力积累不是一蹴而就的，需要储备和培养。创业者可先为自己列一张能力分析表，列举五项自己创业必需的能力，有的放矢参加创业培训，并做好阶段性的能力评估，从而有效提升创业能力。

(3) 开业模块

这一模块的关键是找到合适的项目，找准市场切入点。开业项目的确定，一定要整合自己的优势资源，包括经历和人脉，并做好项目的领先性、竞争性、可操作性分析，找准独特的市场切入点。

(4) **生存模块**

生存问题是创业者开业后面临的首要问题。据统计，90%的企业3年内关门了。企业最初开创的3年很关键，决定着创业成功与否。在这一阶段，创业者要学会从市场需求出发，整合广告宣传、人脉、销售、文化、信息等方面的资源，并注重有效合作。

(5) **求助模块**

当在创业中遭遇困境时，要有求助意识。许多创业成功的过来人都有这样的体会，单枪匹马很难成功，有时不妨从周围寻求帮助，包括爱亲人、友人、老乡、同学，甚至竞争对手。此外，创业者也要学会积极运用公共资源的有效求助途径，例如，上海市开业指导中心就提供咨询等服务。

(6) **受挫模块**

成功收购“金兔”品牌的周仁忠董事长创业过程一波九折，他的体会是，要敢于面对挫折，不断挑战失败，要做到思败、懂败、不怕败、不言败，这样才能获得成功。建议创业者给自己建立一个失败档案，从失败中汲取经验，并时刻提醒自己，犯过的错误不能再犯。

(7) **合作模块**

上海著名餐饮企业“梅园村”，从一家弄堂餐馆发展到拥有11家大型连锁分店，靠的是“梯队计划”，即建立见习经理制度，培养老总的“左右手”，放手让员工“学生意”，营造和谐的企业文化等。在强调多赢的时代，创业者要有合作意识，才能众人拾柴火焰高。

(8) **发展模块**

面对今天的市场，做专、做强、做久、做大，这才是一个企业发展的正确轨迹。因此，创业者要有发展意识，要不断完善企业组织架构和指挥系统，及时调整市场定位，并建立企业周期性发展的长效机制。

(9) **学习模块**

没有学习力，就没有竞争力。社会发展日新月异，市场经济瞬息万变，创业者只有不断学习，创业企业才能获得源源不断的发展动力。因此，要做一名学习型的创业者，不仅要学商业知识，还应学习文化、政治、社会、艺术等，学习国际新概念、新理念，向竞争对手学习也是一种很好的方法。

（10）价值模块

成功创业者的人生价值，需要通过社会价值来体现。成功的创业者大都拥有着良好的市场口碑，在社会上具有一定的影响力。因此，端正价值观，思考如何扩大个人和企业的社会价值，也是创业成功的关键之一。

（11）财务模块

企业是由人才、产品和资金所组成，自有资金不足，往往会导致创业者利息负担过重，无法成足事业。因此，创业青年要有“多少实力做多少事”的观念，不要过度举债经营；企业应“做大”而非“大做”，“做大”是有利润后再逐渐扩大，“大做”则是勉力举债而为，只有空壳没有实际，遇到风险必然失败。

（12）联盟模块

创业要讲求战略，小企业更需要与同业联盟，也就是在自有产品之外，附带推销其他相关产品。用“策略联盟”的方式结合相关产业，不仅能提高产品的吸引力、满足顾客的需求，也能增加自己的竞争力与收益。

（13）前瞻性模块

经营理念、经营方针、与经营策略均需详加规划，结合智慧与力量，扎好企业根基。总而言之，创业前应先调适心理，做好自我评估，了解自己究竟适不适合创业，一旦走上创业之路，就应好好努力，掌握各项创业原则，这样不管你在何时何地，都将是一个成功而快乐的创业家。

9. 创业，要从哪里起步?

现在，大学毕业生就业难，独立创业不仅是精彩的人生追求，还是必须面对的现实问题。

创业从哪里起步？不妨从以下这些角度去思考。

(1) 自己熟悉的

如果你喜欢电脑，对病毒有研究，那你就高举“反毒王”的旗帜，上门服务杀毒、防毒，不行吗？北京林业大学的老师陆军博士，组织学生把本校的农业、林业技术推广到学生自己的家乡，资源与市场都是学生们所熟悉的。

(2) 占有资源的

如果你有亲属在国外，让他们搜集新颖实用的塑料用品，把样品邮寄回来，你来找厂家加工。路子通开了，买台注塑机（5~10 克的几千元）就干起来了。

(3) 优势明显的

比如你拥有某方面的特长，或某种专业知识对某部分群体有用，那就从事此项服务或培训。如果你对互联网造诣很深，那就做个网站，选定某个行业，搜集、发布有用信息，可以为该行业的中小企业销货，为他们发布信息。

(4) 兴趣浓厚的

如果能把兴趣同创业目标结合，那将是非常幸运的，那是快乐创业、快乐人生。如果你有艺术思维的兴趣，可以搞个专业工作室，从事家庭装潢设计，与装潢公司或工程队合作，为客户量身定做。

（5）突出缺陷的

许多人们习惯了的产品和服务是有缺陷的，只要你能够发现它，改进它，就是一件新产品。这样，你不仅借助了它长期功能与质量的积累，还借助了它长期培育的消费群体。

（6）不用花钱的

舍得买时间的人大有人在。许多重要的人都有此种需求。时间是短缺的、紧俏的商品，城市速递由此而生。速递业务可不可以扩展呢？扩展到一切为别人节省时间的领域。比如代人购物，接人等。

（7）起点很低的

你有广告创意的能力，就可以搞个独立工作室。比方设计出公益与公司目标相结合的广告，贴到全北京的卫生间去。接受的企业当然付费。别发笑，能做好这件事也不容易。

（8）可以借助的

好风凭借力。借助是利用人类文明的成果和社会资源，来达到低成本顺利起步的目的。比如对创业必须的硬件可以租赁，借巢孵蛋，直接进入产品开发过程的终端程序，直接面对消费者来检验你的产品。再比如委托。

把产品的生产交给别人，自己只是提供标准，进行检验，不参与产品制造相关的管理，减少投资风险和投资成本。

（9）方便加盟的

加盟是与现有资源联合。大名鼎鼎的跨国公司，金光闪闪的名牌企业……创业者假如具备某些优势，便可以寻求与自己相关的资源，实现彼此的优势互补。

用契约来结盟，比方你有保健品的新技术和相应的商业概念，可以考虑与现有的知名企业结盟。利用其资源，达到减少投资，降低风险之效果。

（10）跟定大势的

跟大势中的成功者学习其成功的范例、经验、模式。因为在某个行业创新，进行差异或特色的创造是不容易的。

要学会利用他人的经验、创意、思路、品牌。品牌代表着行业领先者长期的探索，艰苦打磨的历程，包含声誉、美誉、公众的认同。跟进后，直接拿来的是成功，学到的是成熟的经验，直到具体的操作方法。

(11) 发现缝隙的

有许多产品有很长的历史，漫长的年月留给老百姓不可磨灭的印象，形成了稳定的消费群体。但生产者对它的问题司空见惯，不去用心琢磨。

有的没有进行标准化生产，有的在工艺上并不讲究，有的不搞品牌推广，有的包装老套，有的在质量上存在缺欠，有的在某些功能上明显不足。在接受这个产品的同时，改进它，强化、优化、细化某些功能。

这就是从成熟产品的薄弱处入手，对其优势的借助。

(12) 能够虚拟的

怎样销售还没有做出来的“自己的产品”？怎样进行市场功夫的训练？可以通过“虚拟销售”做到。找到一个与你的创业目标贴近的商品来销售。

比如你掌握了某种药品的关键技术。先你进入药品的销售领域，找到与你的药效相近的药品做销售代理，从中弄通药品销售的通道，体察药品销售的秘籍，掌握药品销售的规律，建立自己的人际关系和销售的网络。在这样的过程之中或之后，把自己的产品拿出来，渗透进去。

第二章
大学生创业知识全攻略

创业不是想当然的事情，自主创业成功与否，除了必须具有一定的专业特长外，还要求大学生必须具有合理的知识结构，尤其要对企业的设立及运营过程等管理专业知识有基本的了解。当选定自己创业的发展方向时，还要对专业知识有一定的掌握，并在发展中不断“充电”。

1. 你适合注册什么样的企业?

不同的企业类型对注册资本有着不同的最低限额，在目前的经济环境中，与创办企业者距离较近的企业形式有以下几种。

非公司企业法人、有限责任公司、股份有限责任公司、个体工商户、私营独资企业、私营合伙企业，其注册资本的最低限额及注册的基本要求如下。

(1) 非公司企业法人：最低注册资金 3 万元人民币

基本要求：

有符合规定的名称和章程；

有国家授予的企业经营管理的财产或者企业所有的财产，并能够以其财产承担民事责任；

有与生产经营规模相适应的经营管理机构、财务核算机构、劳动组织以及法律或者章程规定必须建立的其他机构；

有必要的并与经营范围相适应的经营场所和设施；

有与生产经营规模和业务相适应的从业人员，其中专职人员不得少于 8 人；

有健全的财会制度，能够实行独立核算，自负盈亏，独立编制资产负债表；

有符合规定数额并与经营范围相适应的注册资金，企业法人的注册资金不得少于 3 万元，国家对企业注册资金数额有专项规定的按专项规定执行；

有符合国家法律、法规和政策规定的经营范围。

(2) 有限责任公司：最低注册资本 10 万人民币

基本要求；

股东符合法定人数即由 2 个以上 50 个以下股东共同出资设立；

股东出资达到法定资本最低限额：以生产经营为主的公司需 50 万元人民币以上；

以商品批发为主的公司需 50 万元人民币以上；

以商品零售为主的公司需 30 万元人民币以上；科技开发、咨询、服务公司需 10 万元人民币以上；

股东共同制定公司章程；

有公司名称，建立符合有限责任公司要求的组织机构；

有固定的生产经营场所和必要的生产经营条件。

（3）股份有限责任公司：最低注册资本 1000 万元

基本要求：

设立股份有限公司，应当有 5 人以上为发起人，其中须有过半数的发起人在中国境内有住所；

国有企业改建为股份有限公司的，发起人可以少于 5 人，但应当采取募集设立方式；

股份有限公司发起人，必须按照法律规定认购其应认购的股份，并承担公司筹办事务；

股份有限公司的设立，必须经过国务院授权的部门或者省级人民政府批准；

股份有限公司的注册资本为在公司登记机关登记的实收股本总额；

股份有限公司注册资本的最低限额为人民币 1000 万元。股份有限公司注册资本最低限额需高于上述所定限额的，由法律、行政法规另行规定。

（4）个体工商户：对注册资金实行申报制，没有最低限额

基本要求：

有经营能力的城镇待业人员、农村村民以及国家政策允许的其他人员，可以申请从事个体工商业经营；

申请人必须具备与经营项目相应的资金、经营场地、经营能力及业务技术。

(5) 私营独资企业：对注册资金实行申报制，没有最低限额

基本要求：

投资人为一个自然人；

有合法的企业名称；

有投资人申报的出资；

有固定的生产经营场所和必要的生产经营条件；

有必要的从业人员。

(6) 私营合伙企业：对注册资金实行申报制，没有最低限额

基本要求：

有两个以上合伙人，并且都是依法承担无限责任者；

有书面合伙协议；

有各合伙人实际缴付的出资；

有合伙企业的名称；

有经营场所和从事合伙经营的必要条件；

合伙人应当为具有完全民事行为能力的人；

法律、行政法规禁止从事营利性活动的人，不得成为合伙企业的合伙人。

备注：合伙人可以用货币、实物、土地使用权、知识产权或者其他财产权利出资；上述出资应当是合伙人的合法财产及财产权利。

对货币以外的出资需要评估作价的，可以由全体合伙人协商确定，也可以由全体合伙人委托法定评估机构进行评估。经全体合伙人协商一致，合伙人也可以用劳务出资，其评估办法由全体合伙人协商确定。

2. 不要轻视大学生创业的法律风险

在市场经济条件下，任何企业的任何经济行为无疑都存在着各种各样的风险，因此聪明而又稳健的企业家无不十分重视企业的风险管理。对于一个即将走入社会的大学生来讲，其进行的创业活动所面临的风险，则更容易发生。原因主要是在行业经验、管理技能等方面大学生自身存在的短板比较多。

因此，创业的大学生必须具有风险意识。当然风险是方方面面的，本书在规避创业法律风险方面谈几意见，供大家参考：

创业组织形式选择的法律风险及其规避

大学生进行创业，首先应当根据投资额、合作伙伴、所进入的行业等情况成立一个创业组织形式并进行工商登记。这就需要进行创业组织形式的选择。

一般而言，大学生进行创业所能选择的创业组织形式包括个体工商户、个人合伙、个人独资企业、合伙企业、有限责任公司等形式。但不同的创业组织形式自身所存在的法律风险是不一样的。

首先，创业者对不同创业组织形式的债务承担的法律责任不同。

个体工商户、个人合伙、个人独资企业的投资者，对该组织形式的债务承担无限责任或者无限连带责任；

合伙企业的投资者在我国《合伙企业法》修改之前，对合伙企业的债务承担无限连带责任，而2006年8月27日修订通过的新《合伙企业法》，普通合伙企业的合伙人、有限合伙企业的普通合伙人对合伙企业债务承担无限连带责任，而有限合伙企业的有限合伙人则以其认缴的出资额为限对合伙企业债务承担有限责任；

我国公司法规定，有限责任公司的股东也是以其认缴的出资额为限对公司债务承担有限责任。

由于我国尚没有个人破产法律制度，一旦创业者对创业组织形式的债务承担无限或者无限连带责任，且该组织的债务又是比较庞大的话，则创业者不但将倾家荡产，并且将因还债的巨大压力无法重新创业。

因此，创业者在选择创业组织形式时，如果选择的是个体工商户、个人独资企业等组织形式，应尽量控制该组织的资产负债率。

由于创业者自己说了算，因此是完全能够控制住的；如果选择的是个人合伙、普通合伙企业等组织形式，由于人合的因素部分创业者可能无法控制该组织的债务规模，则创业者应当通过合伙协议、规章制度、参加保险等法律措施对组织的债务规模进行约束，对相关的风险进行控制和规避；

而如果选择的是有限合伙企业、有限责任公司，则有限合伙企业的有限合伙人、公司股东由于对组织债务承担的是有限责任，这些创业者则不必考虑这方面的风险了。

其次，创业组织形式的选择应考虑到组织运行后的管理成本风险。

从个体工商户、个人合伙、个人独资企业、合伙企业、有限责任公司这样的顺序上讲，组织运行的管理成本是不断增加的。

个体工商户、个人合伙、个人独资企业、合伙企业往往没有注册资本的要求，而有限责任公司则有注册资本的要求。即使在有限责任公司的两种组织形式之间，管理成本也是不同的。

2005 年公司法修改后，允许设立一人有限责任公司，许多人也注册了一人有限责任公司。

但一人有限责任公司的注册资本的最低要求是 10 万元，必须一次交齐，而一般有限责任公司的最低注册资本为 3 万元，对于注册资本高于 3 万元的可以分期缴纳。

如果一人有限责任公司在运行过程中将公司与股东、家庭没有严格区分，则有可能被揭开公司的面纱，股东就要对公司债务承担无限责任，则成立一人有限责任公司意义就失去了。因此，选择创业组织形式应考虑到创业者在组织运行后对管理成本的承受能力。

再次，在一些创业组织形式中存在着人合的风险。

个人合伙、合伙企业、有限责任公司这些组织形式，明显存在着人合的性质。合伙人之间、股东之间会发生各种各样的冲突如：经营思想的、利益的甚至性格的。这些冲突往往会演变为组织的僵局，使组织因为创业者之间的矛盾而陷于危机。

因此，在选择这些创业组织形式的同时，选择志同道合、善于沟通、以创业组织的利益为重的合作者是非常重要的。

3. 创业，你必须要懂的词汇

自主创业成为大学毕业生新的择业途径，并受到了各界的充分肯定。在知识经济时代，自主创业无疑具有广阔的发展前景。

自主创业成功与否，除了必须具有一定的专业特长外，还要求大学生必须具有合理的知识结构，尤其要对企业的设立及运营过程等管理专业知识有基本的了解。这类专业知识对于创业者来说是十分重要的。

当选定自己创业的发展方向时，要对这方面的专业知识有一定的掌握，并在发展中不断“充电”。

本文将为你解读创业一定要了解的一些名词。

(1) 规则 (Regulations)

许多创业者天生就不依规矩，但是如果无视相关的规定、许可和其他法律，你可能会因此陷入困境，并将为之付出大笔费用。

(2) 名称 (Name)

名称有什么意义呢？也许就像是一份写给别人的信函。在你将企业或产品名称打印在昂贵的盒子、包装和营销材料上之前，检查它是否已经被别人注册了，也可以在互联网搜索验证，或者咨询律师。

(3) 运营 (Operations)

迅速建立稳固的业务章法，顺利进入运营状态。明确你的营业时间、规章和程序，同时进行积极沟通，使客户和员工都知道将会发生什么事情。

(4) 天使投资人 (Angel investor)

人们很容易信任愿意出资帮助自己创业的天使投资人。天使投资人通常使用自己的资金来帮助较小的公司起步。

他们投资的公司往往都很小或者对 VC 来说风险很高。一些天使投资人采取股权投资的方式，也有一些只是提供借款，在企业一旦腾飞时赚回利息。

(5) 商业计划书 (Business plan)

要吸引投资人，或者只是让你的企业更规范，你必须有一份好的商业计划书。不必有很长的篇幅，但必须能明确表达出你的想法和业务规划，并预测未来的发展潜力，还需要清楚地表明你需要多少钱来推动企业运营、不断成长。

(6) 债务 (Debt)

虽然自力更生、步步为营是令人钦佩的举动，但也不要排除从外部进行债务融资。财务专家鲍勃·罗伊（Bob Low）说，“有时候，‘借款’是获得企业成长资金的最好方式。”这可能意味着两种方式：资产抵押贷款或信用贷款。要特别注意你的债务负担会不会影响到现金流和利润率。

(7) 设备 (Equipment)

效率是至关重要的，所以不要吝啬对设备方面的投入，尤其是如果它可以节省你和雇员们的时间或金钱。要多阅读行业杂志，以保持对创新设备的跟踪，这可以帮助你事半功倍，而不必在办公室里熬夜加班。

(8) 财务报表 (Financial statements)

不断阅读、了解、更新。如果你不进行定期审核你的财务报表，鲍勃说，你可能漏掉关于公司业绩的重要信息。

(9) 增长 (Growth)

增长过快可能危害你的企业健康，为了追求数字增长而增长并非明智之举。你需要确认公司的资金能满足增长需要，这是你的基础，这样就可以调节增长。你的企业自然会发展得越来越大。

(10) 人力资本 (Human capital)

喜欢当老板感觉的人可能对“雇员”这种称呼更迷恋，但是当你把自己雇用的人当做企业真正的资产时，这确实才是更好的想法。找到最好的人，并在他们身上投资。

(11) 创意 (Ideas)

从创新的营销手段到创新的新产品，你都需要有能获得成功的伟大想法。随时准备在创意出现时捕捉它们，无论是在车中放一个小录音机或是准备一支笔，以便你随时记下来。比如，很多人都会在淋浴时涌出很多奇思妙想。

(12) 合资 (Joint venture)

如果有两个领导人比只有一个好，那么两家公司肯定就不会互相阻碍了，对不对？有时会是这样。在这样的伙伴关系中，合作效果最好的是那些处于行业不同层面的公司。例如，一家制造商和分销商在共同进入市场时将能分享产品利润。

(13) 知识 (Knowledge)

知识就是力量，特别是在你的企业发展中。你需要做的功课是研究所处的市场细分领域，潜在的机会，以及找出开发新业务的地方。

行业协会、行业出版物、政府机构等网站，甚至当地的图书馆都可以提供这些重要信息，帮助你在一开始就迈出正确的步伐。

(14) 贷款方 (Lenders)

光靠弯腰屈膝并不能帮你借到钱。贷款方真正希望看到的是你有无偿还借款的能力。因此要努力提高企业和个人的信用评级，同时还要有扎实的销售业绩和行业研究支持下的现金流量预测。

(15) 营销 (Marketing)

有时候，推广产品和服务似乎是一件容易实现的事情，这种想法可不对头，没有远见就没有主见。当你试图开发新的业务时，最重要的事情是你要比客户想得更多。同时寻找低成本的方法，如 E－mail 营销，给你最好的客户提供特殊优惠，寻找宣传机会。

（16）**利润率**（Profit margins）

你的利润空间有多大决定了公司是否能健康运营。利润除以收入的比率其实是一项有用的工具，能将你公司的盈利能力与同行其他公司进行比较。

（17）**销售渠道**（Sales channels）

产品或服务仅通过一个渠道进行销售的时代早就过去了。公司现在不能仅仅指望传统的销售渠道，而且还要找到网络销售渠道，或者通过直销或联盟、分销商的方式。创新和领先的分销方式是造就千万富翁最简单的方式。

当然，上述的专业知识并非要求创业者一下子全部掌握，创业者可以边学边用，例如找一些书籍学习，或者向一些有经验的人请教。

4. 科技创业如何签订技术合同?

科技创业是大学生创业的主要项目，对于科技创业企业而言，技术开发、技术咨询、技术服务是其主要的业务内容，而就技术开发、转让、咨询或者服务与其他公司签订相关技术合同，则是其在业务活动中常见的业务合同。

因此，如何依法签订、履行、管理各类技术合同，对于科技创业企业至关重要，而其中签订环节则是重中之重。本文将简要介绍技术合同的主要条款以及签订技术合同应当注意的主要事项。

通常各省市的科技主管部门都制订了技术合同的示范文本，有的甚至强制要求使用示范文本。

虽然示范文本对于没有法律常识的合同当事人而言非常重要，但是示范文本通常太过简单，而其提示性的条款有时也没有受到合同当事人的重视，因此，因使用示范文本而引起的合同纠纷也越来越多，而这些纠纷很多是因为合同没有约定或者约定不明造成的。

同样，本文也只是一般性的介绍，并不能适用于每一个个案，签订技术合同最好还是聘请专业律师参与合同谈判，制作合同文本。

一般情况下，一份完整的技术合同应当包括两个部分：

一部分是合同条款，约定双方当事人之间的权利义务关系，本文将做具体介绍；

另一部分是工作说明书（statement of work），详细说明技术合同所涉及的技术项目的范围及实施方法、实施的过程、进度以及验收方法等等，在此工作说明书中应当将项目实施过程拆分成若干阶段，详细描述每一阶段的目标、合同双方的责任、完成本阶段工作的标准以及本阶段应当提交的提交件。

技术合同条款一般包括以下内容：

（1）名词和术语的解释

很多人不重视这一条款，以为这只是律师们多此一举。事实上，技术合同中往往会涉及很多专有名词和技术术语需要说明，另外还会涉及一些通用名词需要界定，若不界定，就容易引起歧义。

这些都是律师们总结以往的经验、教训而积累起来的十分有价值的内容。

（2）项目名称、内容、范围和要求

此条似乎比较简单，其实不然，尤其是技术功能及相关具体要求的描述必须精确、详细、具体，没有歧义。

（3）履行的计划、进度、期限、地点、地域和方式

对于技术风险较小的项目应当明确项目完成的总进度和每一阶段完成的进度，并直接与违约责任相联系。

对于技术风险较大的项目也应当有相应的时间要求，这样在约定的时间里若不能完成相应的技术开发工作，双方可以重新评估合同是否继续履行或者合同如何变更履行。

（4）双方的权利义务

除约定双方的主权利义务外，还应当约定双方如何相互配合，如何对对方的工作等。通常应当指定项目代表，行使权利、履行义务。

（5）技术情报和资料的保密

保密条款是技术合同中非常重要的条款，保密义务也应当是双方的，而不是单方的。保密条款应当对技术秘密和商业秘密等进行定义，应当约定保密义务的范围、方法、保密处理程序、保密期限以及失密救济等内容。

（6）风险责任的承担

技术开发合同必备条款，应当区分技术能力和技术风险，明确约定风险责任的承担以及控制风险的措施。

(7) 技术成果的归属和收益的分成办法，价款、报酬或者使用费及其支付方式

这是直接关系到受托方利益的条款，需要谨慎约定。一般应约定如下几条。

委托开发完成的发明创造，申请专利的权利属于研究开发人。

研究开发人取得专利权的，委托人可以免费实施该专利；研究开发人转让专利申请权的，委托人享有以同等条件优先受让的权利。

对于委托开发或者合作开发完成的技术秘密成果的使用权、转让权以及利益的分配办法，也要明确约定。

对于技术合同价款、报酬或者使用费的支付方式，可以采取一次总算、一次总付或者一次总算、分期支付，也可以采取提成支付或者提成支付附加预付入门费的方式。

约定提成支付的，可以按照产品价格、实施专利和使用技术秘密后新增的产值、利润或者产品销售额的一定比例提成，也可以按照约定的其他方式计算。

提成支付的比例可以采取固定比例、逐年递增比例或者逐年递减比例。

约定提成支付的，应当在合同中约定查阅有关会计账目的办法。

(8) 验收标准和方法

一般应根据技术特点约定分阶段验收、试运行（生产）以及相应的技术服务。

(9) 违约金或者损失赔偿的计算方法

违约责任应当具体明确，不要只是简单约定承担违约责任或者赔偿经济损失。通常应当约定延迟支付、延迟交付、不能交付等违约责任，计算方法一定要有可操作性。

(10) 解决争议的方法

除协商、调解外，有仲裁和诉讼两种方式可供选择，各有利弊。

除了上述必备条款外，与履行合同有关的技术背景资料、可行性论证和技术评价报告、项目任务书和计划书、技术标准、技术规范、原始设计和工艺文件以及其他技术文档，应当列为合同附件，作为合同的组成部分，以备合同履行或者解决争议时参考。

需要指出的是，非法垄断技术、妨碍技术进步或者侵害他人技术成果的技术合同无效。一般而言，以下情况会被认定为非法垄断技术、妨碍技术进步。

限制另一方在合同标的技术的基础上进行新的研究开发或者限制其使用所改进的技术，或者双方交换改进技术的条件不对等，包括要求一方将其自行改进的技术无偿地提供给对方、非互惠性地转让给对方、无偿地独占或者共享该改进技术的知识产权；

限制另一方从其他来源获得与技术提供方所提供的技术类似或者与之竞争的技术；

阻碍另一方根据市场的需求，按照合理的方式充分实施合同标的技术，包括明显不合理地限制技术接受方实施合同标的技术生产产品或者提供服务的数量、品种、价格、销售渠道和出口市场；

要求技术接受方接受并非实施技术必不可少的附带条件，包括购买非必需的技术、原材料、产品、设备或者服务等和接收非必需的人才等；

不合理地限制技术接受方购买原材料、零部件、产品或者设备等的渠道或者来源。

禁止技术接受方对合同标的技术的知识产权的有效性提出异议或者对提出异议附加条件。

5. 如何注册一家属于自己的公司?

注册一家自己的公司是很多投身于创业的大学生们的梦想，当条件成熟后，就要依法进行登记，这是有限责任公司设立的必要程序。一般来说有限责任公司设立要经过以下几个程序。

(1) 选择公司的形式

普通的有限责任公司，最低注册资金3万元，需要两个（或以上）股东，从2006年1月起新的公司法规定，允许1个股东注册有限责任公司，这种特殊的有限责任公司又称“一人有限公司”（但公司名称中不会有“一人”字样，执照上会注明“自然人独资”），最低注册资金10万元。

如果你和朋友、家人合伙投资创业，可选择普通的有限公司，最低注册资金3万元；如果只有你一个人作为股东，则选择一人有限公司，最低注册资金10万元。

(2) 核名

到工商局去领取一张“企业（字号）名称预先核准申请表”，填写你准备取的公司名称，由工商局上网（工商局内部网）检索是否有重名，如果没有重名，就可以使用这个名称，就会核发一张“企业（字号）名称预先核准通知书”。这一步的手续费是30元。

(30元可以帮你检索5个名字，很多名字重复，所以一般常见的名字就不用试了，免得花冤枉钱。)

(3) 租房

到专门的写字楼租一间办公室，如果你自己有厂房或者办公室也可以，有的地方不允许在居民楼里办公。（例如深圳只允许商用楼）租房后要签订租房合同，并让房东提供房产证复印件。

签订好租房合同后，还要到税务局去买印花税，按年租金的千分之一的税率购买，例如你的每年房租是1万元，那就要买10元钱的印花税，贴在房租合同的首页，后面凡是需要用到房租合同的地方，都需要是贴了印花税的合同复印件。

（4）编写“公司章程”

可以在工商局网站下载“公司章程”的样本，修改一下就可以了，章程的最后由所有股东签名。

（5）刻私章

到街上刻章的地方刻一个私章，给他们讲刻法人私章（方形的）。费用大概20元左右。

（6）去银行开立公司验资户

所有股东带上自己入股的那一部分钱到银行，带上公司章程、工商局发的核名通知、法人代表的私章、身份证、用于验资的钱、空白征询函表格，到银行去开立公司账户，你要告诉银行是开验资户。

开立好公司账户后，各个股东按自己出资额向公司账户中存入相应的钱。

银行会发给每个股东缴款单、并在征询函上盖银行的章。

注意：公司法规定，注册公司时，投资人（股东）必须缴纳足额的资本，可以以货币形式（也就是人民币）出资，也可以以实物（如汽车）、房产、知识产权等出资。到银行办的只是货币出资这一部分，如果你有实物、房产等作为出资的，需要到会计师事务所鉴定其价值后再以其实际价值出资，比较麻烦，因此建议你直接拿钱来出资，公司法不管你用什么手段拿的钱，自己的也好、借的也好，只要如数缴足出资款即可。

（7）办理验资报告

拿着银行出具的股东缴款单、银行盖章后的征询函以及公司章程、核名

通知、房租合同、房产证复印件，到会计师事务所办理验资报告。一般费用500元左右（50万以下注册资金）。

（8）注册公司

到工商局领取公司设立登记的各种表格，包括设立登记申请表、股东（发起人）名单、董事经理监事情况、法人代表登记表、指定代表或委托代理人登记表。填好后，连同核名通知、公司章程、房租合同、房产证复印件、验资报告一起交给工商局。大概5个工作日后可领取执照。

此项费用约300元左右。

（9）刻公章、财务章

凭营业执照，到公安局指定的刻章社，去刻公章、财务章。后面步骤中，均需要用到公章或财务章。

（10）办理企业组织机构代码证

凭营业执照到技术监督局办理组织机构代码证，费用是80元。办这个证需要半个月，技术监督局会首先发一个预先受理代码证明文件，凭这个文件就可以办理后面的税务登记证、银行基本户开户手续了。

（11）去银行开基本户

凭营业执照、组织机构代码证，去银行开立基本账号。最好是在原来办理验资时的那个银行的同一网点去办理，否则，会多收100元的验资账户费用。

开基本户需要填很多表，你最好把能带齐的东西全部带上，要不然要跑很多趟，包括营业执照正本原件、身份证、组织机构代码证、公财章、法人章。

开基本户时，还需要购买一个密码器（从2005年下半年起，大多银行都有这个规定），密码器需要280元。今后你的公司开支票、划款时，都需要使用密码器来生成密码。

（12）办理税务登记

领取执照后，30 日内到当地税务局申请领取税务登记证。一般的公司都需要办理两种税务登记证，即国税和地税。费用是各 40 元，共 80 元。

办理税务登记证时，必须有一个会计，因为税务局要求提交的资料其中有一项是会计资格证和身份证。你可先请一个兼职会计，小公司刚开始请的兼职会计一般 200 元工资就可以了。

（13）申请领购发票

如果你的公司是销售商品的，应该到国税去申请发票，如果是服务性质的公司，则到地税申领发票。

最后就开始营业了。注意每个月按时向税务申报税，即使没有开展业务不需要缴税，也要进行零申报，否则会被罚款的。

6. 创业计划书该怎么写?

创业计划是创业者叩响投资者大门的“敲门砖”，是创业者计划创立的业务的书面摘要，一份优秀的创业计划书往往会使创业者达到事半功倍的效果。

企业是要能持续经营的，所以在规划时要能够做到多元化和全球化创业计划书是将有关创业的想法，借由白纸黑字最后落实的载体。

创业计划书的质量，往往会直接影响创业发起人能否找到合作伙伴、获得资金及其他政策的支持。如何写创业计划书呢？要依目标，即看计划书的对象而有所不同。譬如是要写给投资者看呢，还是要拿去银行贷款。从不同的目的来写，计划书的重点也会有所不同。

创业计划聚焦于特定的策略、目标、计划和行动，对于一个非技术背景的有兴趣的人士应清晰易读。创业计划可能的读者包括：希望吸纳进入团队的对象，可能的投资人、合作伙伴、供应商、顾客、政策机构。

创业计划一般包括：执行总结，产业背景和公司概述，市场调查和分析，公司战略，总体进度安排，关键的风险、问题和假定，管理团队，企业经济状况，财务预测，假定公司能够提供的利益等十个方面。

(1) 执行总结是创业计划一到两页的概括

本创业计划的创意背景和项目的简述

创业的机会概述

目标市场的描述和预测

竞争优势和劣势分析

经济状况和盈利能力预测

团队概述

预计能提供的利益

(2) 产业背景和公司概述

详细的市场分析和描述

竞争对手分析

市场需求

公司概述应包括详细的产品/服务描述以及它如何满足目标市场顾客的需求，进入策略和市场开发策略

(3) 市场调查和分析

目标市场顾客的描述与分析

市场容量和趋势的分析、预测

竞争分析和各自的竞争优势

估计的市场份额和销售额

市场发展的走势

(4) 公司战略阐释公司如何进行竞争

在发展的各阶段如何制定公司的发展战略

通过公司战略来实现预期的计划和目标

制定公司的营销策略

(5) 总体进度安排

公司的进度安排，包括以下领域的重要事件：

收入来源

收支平衡点和正现金流

市场份额

产品开发介绍

主要合作伙伴

融资方案

(6) 关键的风险、问题和假定

关键的风险分析（财务、技术、市场、管理、竞争、资金撤出、政策等风险）

说明将如何应付或规避风险和问题（应急计划）

(7) 管理团队

介绍公司的管理团队，其中要注意介绍各成员与管理公司有关的教育和工作背景（注意管理分工和互补）；介绍领导层成员，创业顾问以及主要的投资人和持股情况。

(8) 公司资金管理

股本结构与规模

资金运营计划

投资收益与风险分析

(9) 财务预测

财务假设的立足点

会计报表（包括收入报告，平衡报表，前两年为季度报表，前五年为年度报表）

财务分析（现金流、本量利、比率分析等）

(10) 假定公司能够提供的利益

这是创业计划的“卖点”，包括：

总体的资金需求

在这一轮融资中需要的是哪一级

如何使用这些资金

投资人可以得到的回报，还可以讨论可能的投资人退出策略

7. 大学生创业办证的具体手续

大学生自主创业随着扩招的到来，成为越来越热门的话题，想创业应该怎么办？需要办理哪些手续？你正准备创业吗？你曾想过创业却不得要领吗？你想了解创业的相关政策吗？

(1) 个体工商户营业执照如何申办？

从事个体工商业经营的个体或者家庭，申请人应当持户籍证明（本人身份证）职业状况，场地证明等有关材料，向经营地的工商行政管理机关申请登记。经县级工商行政管理机关核准登记领取营业执照后，方可营业。

国家法律、法规规定经营者需要具体特定条件或需经行业主管部门批准的，应当在申请登记时提交有关批准文件。

属下列情况之一者，申请登记时，还应当出具有关证明：

机动车船客货运输的，应出具车船牌照、驾驶执照、保险凭证；

申请从事饮食业、食品加工和销售的，应出具食品卫生有关监督机关核发的证明；

申请从事资源开发、工程设计建筑修缮、制造和修理简易计量器具、药品销售、烟草销售等的，应提交有关部门批准文件或者资格证明；

旅店业、刻字业、信托寄卖业、印刷业的，应提交所在地公安机关的审查同意证明；

法律、法规规定的必须经审批的其他行业或经营项目；

请帮手、带学徒的，还应当报送与帮手、学徒分别签订的合同副本（约定双方的权利和义务，规定劳动报酬、劳动保护、福利待遇、合同期限等事项)。

涉及人身健康和生命安全的，应出具保险凭据。

未经审批用意立项，经营单位擅自对经营市场所进行装修和购进有关设备的一律不予审批。

(2) 文化娱乐项目如何申办?

申请开办文化娱乐经营项目的单位提出书面申请，同时需出具以下证明文件。

办文化娱乐经营项目场所及经营理由的书面报告；

申请单位上级主管部门的证明文件（无主管部门的应注明单位经济性质)；

场所负责人的有关证明资料；

设施、设备资料；

管理机构及人员配备资料；

经营场所房屋使用证明。

(3) 书刊零售经营许可证如何申办?

申办单位或个人按所在辖区的范围，向辖区文化行政管理部门提出申请，同时附上经营场所有效的材料证明（使用房屋的证明材料)；辖区文化行政管理部门对经营场地察看后，符合条件的发给文化经营许可证；经营户持文化经营许可证到所在地工商行政管理部门申办营业执照。

(4) 音像制品批发、零售如何申办?

音像制品批发：

据国务院及文化部有关规定，音像制品总批发单位承担在全国范围内发行的业务，音像制品总批发业务由国有单位承担。

个体经营者不得从事音像制品总批发业务。申请设立音像制品总批发单位由所在盛自治区、直辖市音像制品行政主管部门审核同意后，报文化部审批申请设立音像制品批发的单位，需具有以下条件：

有不少于30平方米的固定业务场所；

有适应业务工作需要的音像设备和其他设备；

流动资金不少于20万元。

申请设立音像制品批发的单位，由省文化行政管理部门审核同意报文化部审批。

申办音像制品零售、出租的单位或个人向县以上文化行政管理部门提出书面申请和报送有关证明材料：

申请报告；

场地使用证明；

上级主管单位或街道办事处有关证明文件；

资金来源合法证明；

经营管理规章。

以上文化行政管理部门审核后，对符合申办条件的发给文化经营许可证，经营户持文化经营许可证到所在地工商行政管理部门申办经营执照。

(5) 公众电脑屋如何申办?

从事公众电脑屋经营活动的，是指运用计算机网络进行浏览、查询、登录等服务的经营性企业和个体工商户，均实行安全许可、资质认证、登记注册制度。

办理程序如下：

到市工商行政管理部门申办企业名声预先核准通知书；

到市公安局计算机管理监督部门进行安全培训，申办市公众电脑屋安全许可证；

到市信息化工作领导小组办公室申办公众电脑屋资质认定手续，审核合格后颁发统一制作的公众电脑屋行业资质证书；

到工商行政管理部门申办工商登记注册手续。

(6) 饮旅店业等级证如何申办?

经营者持有效证明到市物价局领取有关申请表。

经营者按申请表所列内容认真填写后交回物价局。

物价局按企业申报表填写内容和要求派员进行实地勘察，在此基础上进行综合评审。

市物价局按实评结果发给经营者相应等级证。

8. 连锁店与特许店一样吗？

连锁经营是一种商业组织形式和经营制度，是指经营同类商品或服务的若干个企业，以一定的形式组成一个联合体，在整体规划下进行专业化分工，并在分工基础上实施集中化管理，把独立的经营活动组合成整体的规模经营，从而实现规模效益。是一种经营模式。

连锁经营是一种商业组织形式和经营制度，是指经营同类商品或服务的若干个企业，以一定的形式组成一个联合体，在整体规划下进行专业化分工，并在分工基础上实施集中化管理，把独立的经营活动组合成整体的规模经营，从而实现规模效益。连锁经营包括三种形式：直营连锁、特许经营和自由连锁。

特许加盟 FC（Franchise Chain）

即由拥有技术和管理经验的总部，指导传授加盟店各项经营的技术经验，并收取一定比例的权利金及指导费，此种契约关系即为特许加盟。

特许加盟总部必须拥有一套完整有效的运作技术优势，从而转移指导，让加盟店能很快的运作，同时从中获取利益，加盟网络才能日益壮大。因此，经营技术如何传承，则是特许经营的关键所在。

直营连锁 RC（Regular Chain）

就是指总公司直接经营的连锁店，即由公司本部直接经营投资管理各个零售点的经营形态，此连锁型态并无加盟店的存在。

总部采取纵深似的管理方式，直接下令掌管所有的零售点，零售点也毫无疑问地必须完全接受总部的指挥。

直接连锁的主要任务在“渠道经营”，意思指透过经营渠道的拓展从消费者手中获取利润。因此直营连锁实际上是一种“管理产业”。

自愿加盟 VC（Voluntary Chain）

即自愿加入连锁体系的商店。这种商店由于是原已存在，而非加盟店的开店伊始就由连锁总公司辅导创立，所以在名称上自应有别于加盟店。自愿加盟体系中，商品所有权是属于加盟主所有，而运作技术及商店品牌则归总部持有。

所以自愿加盟体系的运作虽维系在各个加盟店对“命运共同体”认同所产生的团结力量上，但同时也兼顾“生命共同体”合作发展的前提，另一方面则要同时保持对加盟店自主性的运作，所以，自愿加盟实际可称为“思想的产业”。意义即着重于二者间的沟通，以达到观念一致为首要合作目标。

特许经营在中国开展于 20 世纪 90 年代，从刚一开始就得到了迅猛的发展。目前全国特许经营模式广布在 60 个行业，采取特许经营模式企业数量接近 2000 个，特许加盟店近 8.2 万个。整个市场以每年约 49% 的速度递增。

《商业特许经营管理办法》在第二条规定：本办法所称商业特许经营（以下简称特许经营），是指通过签订合同，特许人将有权授予他人使用的商标、商号、经营模式等经营资源，授予被特许人使用；被特许人按照合同约定在统一经营体系下从事经营活动，并向特许人支付特许经营费。

根据这一条的规定，特许经营作为特殊经营模式的特征是特许人通过合同转让使用自己的商标、商号、经营模式等在内的特许经营权，取得特许经营权的被特许人按照合同在统一经营体系下从事经营活动，并向特许人支付特许经营费。

双方的合作基础分别是特许人的知识产权和经营模式以及被特许人的投入资本。特许人一般会通过合同掌握特许加盟店的最终管理权，而被特许人对自己的投资拥有所有权。双方通过合作各自取得收益。

值得注意的是，特许经营中特许人和被特许人之间并没有隶属关系，双方并非母子公司，也不是合伙人，亦不属于代理。

确切的说是特许人把自己的商标标志和管理技术等知识产权授权被特许人有偿使用，由此以整体统一的商业形象和管理模式对外营业。而对于所有的被特许人来说，彼此之间是没有直接关系的。

特许与连锁的具体区别：

（1）产权构成不同

直营连锁是指同一资本所有，由总部集中管理，共同开展经营活动的高度组织化的零售企业。同一资本所有是区别直营连锁店与其他经营形式的关键，也是特许经营与连锁经营本质上的差别。

（2）管理模式不同

特许经营的核心是特许权的转让，特许者（总部）是转让方，被特许者（加盟店）是接受方，特许体系是通过特许者与被特许者签订特许合同形成的，各个加盟店的人事和财务关系是独立的，特许者无权进行干涉。

被特许者需要对特许者授予的特许权和提供的服务以某种形式支付报酬。而在直营连锁经营中，总部对各分店拥有所有权，对分店经营中的各项具体事务均有决定权，分店经理作为总部的一名雇员，完全按总部意志行事。

（3）涉及的经营领域不同

直营连锁经营的范围一般仅限于商业和服务业，而特许经营的范围则宽广得多，在制造业也被广泛应用。

（4）法律关系不同

在特许经营中，特许者和被特许者之间的关系是合同双方当事人的关系，双方的权利和义务在合同条款中有明确的规定。

而直营连锁不涉及这种合同（分店经理与总部的雇佣合同则另当别论），总部和分店之间的关系由公司内部的管理制度进行调整。

（5）忏悔方式不同

特许经营通过招募独立的企业和个人扩张体系，特许者不仅需要吸引潜在的被特许者，还需选择被特许者，并为被特许者提供培训和服务；通过直营连锁扩大规模则要筹集足够的资金，配备大批的管理人员。

相比之下，特许经营利用他人资产扩大市场占有率，所需资金较少，而直营连锁的发展更易受到资金和人员的限制。

9. 创业要了解的税收知识

谈创业税收，我们首先要从我国的税务登记制度开谈。

税务登记制度是税务机关初始的税收管理模式。税务机关要求所有具有纳税义务的人办理税务登记，其原因主要是源于一种备案制度。

税务部门如果不知道属下有多少纳税户以至于有多少税收资源可被掌控的话，税务机关的税收管理也就无从谈起了。

众所周知，办理税务登记的法定时间是企业或个人在领取工商营业执照之日起的30日内，这是税纳双方多年来共同遵守的游戏规则。之所以规定30日内办理税务登记，是由于税收的绝大多数税种基本上都是按月征收的。

不过，现代市场经济活动是一个庞大而复杂的体系，经济行为在日新月异地变化，税收政策与时俱进也在情理中。

我们常常听到的一种问题是，未办理工商登记手续是不是也就不用办理税务登记了呢？原则上讲，经商办企业涉及经济活动都要依规定办理工商登记手续，也就是说，任何经济活动都应受制于工商部门的监管，否则又有谁来搞清你所从事的经济活动是否合法呢？但现实生活中因故未办理工商登记手续的情况比比皆是。

常见的小本生意，在街头卖小吃；修鞋修伞修自行车；个人处理点私人用具；出差时临时捎带着买卖点土特产；创办的企业因特殊原因已开业数月仍未办妥工商登记手续，等等。对于上述经济活动，税收法规根据不同的情况分别开列了不同的管理办法。

比如，卖早点、帮人修一修电器收点小费、南来北往的偶尔捣弄点个人认为能赚钱的东西等，税法就将其排除在必须办理税务登记的范围之外。

值得注意的是，不办理税务登记手续，并不意味着你不是纳税人。税法的精髓是，你只要有经营活动或有收入，原则上都应该是具有纳税义务的纳税人。

举个例子说，我开办了一家企业，开业已一个多月的时间，因特殊原因未办成工商登记，是不是非要办理税务登记呢？税法说，可缓办。不过，我们要明白的一点是，即使你没有办理税务登记但并不意味着你不必缴税。

税法是这样规定的，有收入你就应该纳税。只不过根据不同的情况何时缴税、如何缴税及交多少税的问题。比如，税法上有按次（日）缴税、按月缴税、按季缴税等不同纳税期限的规定。

这就是说，你实现了经营收入，你就必须按税法的相关规定到税务部门上缴你应缴的那份税款，一般情况下以一个月为期限。它取决于你是否实现了应缴的税款，不受是否办理工商或税务登记的制约。

但是，原则上应该纳税并不等于实际上就要缴税。如，收入甚微或身有残疾等特殊情况。所以税务部门又有一个征税起点（所谓的免征点）的规定。如北京、上海、深圳等地规定，对于月销售额5000元，每次（日）营业额200元均可不征税。

我们最常见的个人所得税也有个人收入达到一定数额后纳入征税范围的规定。国家的税收政策常常依地区、经济发展的程度、或某些特殊情况做出调整。

比如，为解决“三农”问题，国家规定以销售农产品为主的个体工商户免征部分税款。

为促进下岗失业人员再就业，对这部分人所从事的经营活动国家也做出了一系列优惠政策。

又如，在“非典”期间，国家就紧急出台了对某些行业在特定时间段免征税款的特殊条款。

这些起征点或免征税的规定说明了公民虽然有纳税的义务，但在上述所确定的收入范围内可不必缴税。也就是说，在此范围内的收入不纳税也是合法收入。

实际上，在税法中我们可以看到有许多针对部分群体和初创企业相关的减税、免征税或暂缓征税的条款。

如对残疾人、下岗职工再就业、复转军人和大学生自谋职业等个体创业者的税收优惠政策；对初创企业在收益税上的优惠政策；对创业者在西部及边远地区投资办企业的种种减免税政策。

这些政策多而繁杂，各个地区之间对投资产业及不同的创业者甚至于创业模式也有不同的优惠待遇的差异。

如很多地区都规定，新办的从事咨询业、信息业、技术服务业的企业或经营单位，免征所得税两年。

新办的从事交通运输、邮电通信的企业或经营单位，第一年免征所得税，第二年减半征收所得税。

新办的从事公用事业、商业、物流业、对外贸易业、旅游业、居民服务业、饮食业、教育文化事业、卫生事业的企业或经营单位，免征所得税一年，等等。

当然，对企业的改制在税收上也有若干的优惠政策。

每个创业新手在确定投资之前，应该对要投资地区的税收政策做一番尽可能详尽的了解。既不要因违规而“走麦城”，也不要做“冤大头”。创业者不但要有创业的勇气，还应把欲投资地区、行业的相关税收政策吃透。

现实生活中，一个成功的创业者在与税收共舞的过程中可以跳得非常完美。他们不断在税收上寻找机会，把各种类型的税收优惠政策用足。

如，有一家国内非常知名的科技公司，他把公司总部设在深圳，多数业务则集中在北方的一个城市。

一年下来，仅个人所得税就为公司员工省下上百万元。方法很简单，深圳个人所得税的征税起点高，这家公司员工的工资均从深圳发出。

世界上再完美的税法也有漏洞，既然有漏洞就有隙可乘。只不过要悠着点，真正吃透了政策再舞开来，不要聪明反被聪明误，因税收问题而玩不转的案例比比皆是，令人瞩目的晓庆公司偷税案就是其中一例。

税法中对偷漏税的处罚是非常严格的。未按期限办理税务登记手续、不按期申报纳税、偷逃税款、未按税务机关的规定违规使用发票等等，在税法中都能找到相应的处罚条款。

因违规被罚得倾家荡产的案例并不鲜见，有时进监狱蹲上几年也是非常有可能的事情。创业者与税收共舞不在于你的舞姿，而是合法，即你所从事的经济活动与税收政策的内核是否合拍。

在创业初期即便是想钻税收漏洞的话，也要有足够的税收智慧。如果你的大脑中还不具备足够的税法知识，那你先不要忙着创业，更不能贸然投资。干什么呢？找一本税法书，坐下来充实大脑再搞你的创业计划书吧。

国税系统负责征收管理的税种：

增值税；消费税、进口产品增值税、消费税、直接对台贸易调节税（海关代征）；铁道、各银行总行、保险总公司集中缴纳的营业税、所得税、城市维护建设税；中央企业所得税；地方银行和外资银行非银行金融企业所得税；海洋石油企业所得税、资源税；证券交易税；境内外商投资企业和外国企业的增值税、消费税、所得税；出口产品退税管理；集贸市场和个体户的增值税、消费税；中央税的滞补罚收入；按中央税、中央地方共享税附征的教育费附加。

地税系统负责征收管理的税种：

营业税、个人所得税、土地增值税；城市维护建设税；车辆使用税；房产税；屠宰税；资源税；城镇土地使用税；固定资产投资方向调节税；地方企业所得税；印花税；筵席税；地方税的滞补罚收入；地方营业税附征的教育费附加。

10. 创业，如何让税收巧妙“瘦身”？

创业是一种激情，更是一次艰难的白手起家。一个精明的投资者应该在创业之前就考虑好如何节约税收的问题。

现实生活中，一个成功的创业者在与税收共舞的过程中可以跳得非常完美。他们不断在税收上寻找机会，把各种类型的税收优惠政策用足。

如果能掌握一些资讯以及运用技巧，便可以轻轻松松就在创业过程中节省下一笔可观的费用。

在遵守法律的情况下，也常常有多种税收负担高低不一的纳税方案可以选择。每个创业新手在确定投资之前，应该对要投资地区的税收政策做一番尽可能详尽的了解。既不要因违规而“走麦城”，也不要做“冤大头”。创业者不但要有创业的勇气，还应把欲投资地区、行业的相关税收政策吃透。

（1）福利项目可免税赋

张秦投资了一家门槛不高、技术含量也不大的婚姻介绍所。想不到，误打误撞，在办理税务登记的时候，张秦才发现自己选择的是一个可以免征营业税的项目。

相关政策：《营业税暂行条例》规定如下机构可享受税收减免优惠：

托儿所、幼儿园、养老院、残疾人福利机构提供的育养、婚介等服务；

残疾人员个人提供的劳务；医院、诊所和其他医疗机构提供的医疗服务；

符合国家规定的民政福利企业和废旧物资回收企业；

符合国家规定的高新技术企业；

符合条件的第三产业企业，以废渣、废水、废气为主要原料生产的企业；

教育部门所属的学校办的工厂、农场、民政部门所属的福利生产企业，乡镇企业。

大学生在创业时，对于项目的考虑必然是先于税收的。为享受免税优惠而选择不适合创业者自身情况的项目，显然是本末倒置的。

需要提醒的是，如果纳税人兼营免征、减征营业税的项目，应当单独核算免税、减税项目的营业额。否则，税务机关将不予以办理免税、减税的优惠。

(2) 选好开业日期也节税

王海的室内装潢公司在去年 7 月开张了。

这比他原本计划的开业日期晚了将近一个月。这并不是因为他的工商营业执照领取出现了问题，也不是前期资金尚未完全到位，而是一位当税务师的朋友告诉王海，稍作推迟开业时间就能节税。

相关政策：根据我国企业所得税相关法律规定，企业在一个纳税年度中间开业，或者由于合并、关闭等原因，实际经营期不足 12 个月的，应当以其实际经营期作为一个纳税年度，这是对在年度中间开业企业如何确定纳税年度的原则规定。

同时，对部分予以定期减免税的企业，如为年度中间开业，当年实际生产经营期不足 6 个月的，可向主管税务机关申请选择就当年所得缴纳企业所得税，其减征、免征所得税的执行期限，可推延至下一年度起计算。

许多企业在开张营业时注意选择个吉利的日子，却忽略了开业日期和缴税额的密切关系。做好开业日期的税收筹划，可以有效降低企业税收成本，获得更多的税后收益。

对于可以享受减免税的新办企业，一般可以享受一到两年的免税优惠，如果其在年度中间开业，就可以通过选择开业日期，使开业当年经营期不足 6 个月，在当年不享受税收优惠，而把优惠期推延至开业第二年。

这样的好处在于：在开业第一年，往往处于亏损或微利时期，月销售额不达5000元，每次（日）营业额不达200元均可不征税。由此向后推延优惠期，可以更大限度地享受到税收优惠。

（3）投资方式影响税款

小菲准备成立自己的广告公司，而办公地点就选在父母两年前为其购买的一套商住两用公寓，但是在申请营业执照时对于房屋使用性质却犯了愁，因为已经开过公司的朋友们在给予参谋意见时，有的建议按照房屋作价参经营申报，有的主张按照出租房屋申报。分歧的主要原因就是哪种申报方式能够节税，最终经过专家的咨询后小菲将一半面积按照作价经营的方式填报了申请。

相关政策：按照国家有关规定，一般而言，营业用房产税是按房产余值的1.2%按年征收，这里的房产余值是依照房产原值一次减除10%至30%后的余额计算缴纳；出租房屋的房产税是按租金收入的12%按年征收。

表面看来，对于房产使用方式的申报只需按照实际的数字套算一下即可，但事实上这个简单的计算结果并不能准确显示企业整体税负的高低。

对于小成本的创业人员来说，如果房产原值不高还是以作价经营的方式更为合算，何况还可以根据实际情况选择申报面积的大小。

除了房产投资的申报要谨慎之外，对于其他固定资产的投资也要慎重。按照规定，用于固定资产的投资不能抵扣经营利润，而只能按期提取折旧。

这样，投资者不仅要在前期投入较大数额的资金，而且在生产中只能按规定抵扣。

从纳税筹划的角度来看，如果租入设备，承租人可以在经营活动中，以支付租金的方式冲减其经营利润，减少税基，从而减少应纳税额，并为其今后继续从事其他各种经营活动奠定基础。

（4）企业形式也有讲究

姚征在办理工商营业执照时，才发现同样是创业，但可以选择不同的企业组织形式。工作人员告诉他，这种企业形式的差异不仅仅体现在营业执照上，更是对于之后的税收也会有影响。

相关政策：按照现行税法规定，我国私营企业适用《中华人民共和国企业所得税法》，而个体工商户则适用于《中华人民共和国个人所得税法》，从税率上看私营企业应税额在3万元以下时，税率为18%，年应税所得额在3万元至10万元时，税率27%，年应税所得额在10万元以上时，税率为33%；个体工商户应税额在3万元时，适用边际税率为20%。

从表面上看，个体工商户的税负似乎高于私营企业，但由于个体工商户适用税率为累计进税率，其实际税率只有15.8%，低于私营企业18%的水平；个体工商户应税额为10万元时，适用边际税率为35%，也高于私营企业33%的税率，但实际税率只有28.25%。

由此可见，在同等盈利水平下，个体工商户比私营企业获取更多好处，但个体工商户也有许多缺点，如规模小难于扩展业务等。

而私营企业则有相对严密组织，能扩展经营，降低费用，提高盈利水平等特点，所以，选择何种组织形式应综合考虑多种因素，作出对自己有利的选择。

(5) 雇人不同也可节税

一家10人的管理咨询公司，年销售额预计为1000万元，按正常情况应该缴纳80万元左右营业税，如何做到一分钱的税不缴，又不违反税法吗?

该公司可以安排两个下岗女工干食堂，再安排一个失业或下岗的给领导开车，这样，80万元的税就不用缴了。

或者，该公司完全可以招个退役的男兵开车，招两个女兵做秘书和话务员，同样能达到节税的目的。

相关政策：新办服务型企业只要吸纳下岗失业人员占职工总数的30%以上，就可在三年内免征营业税、城建税、教育附加费和企业所得税。如比例达不到30%，每吸纳1%，给予免税2%的优惠。

现有企业，只要吸纳的下岗失业人员占职工总数的30%以上，减征30%

企业所得税的优惠。

这些企业每吸纳一个下岗失业人员再就业，每年可抵缴企业所得税2000元。享受该政策的对象是从事批零兼营的商业企业或加工型企业。

《关于扶持城镇退役士兵自谋职业优惠政策的意见》规定，新办的服务型企业，当年新安置自谋职业的城镇退役士兵达到职工总数30%以上，并与其签订一年以上期限劳动合同，可以三年内免征营业税、城建税、教育附加费和企业所得税。

这些政策看起来非常简单，但非常实用。需要指出的是，对于新办服务型企业的优惠政策适用于只从事零售业务的商业企业。但是，新办商业零售企业不能享受营业税的优惠（因为它缴纳的是增值税），其他优惠政策都可享受。

需要着重说明的是，我们所说的“节税”，是符合国家政策导向的，甚至是税收政策予以引导和鼓励的，它又称税收筹划。这与有钻税法空子嫌疑的“避税”不同，更是与“偷税”的非法行为有着本质的区别。

第三章 让创业的思维自由呼吸

有创业意识的人，要跳出传统的择业观念和思维模式。思维是成功的基石。如果说思维是春天播下的种子，那么成功就是秋天结出的果实。要想取得成功，就要多思多想。想别人没有想过的，做别人没有做到的，这正是成功人士的精明独到之处。

1. 远离创业意识的理解误区

目前许多人对于创业的理解存在着一定的误区。

(1) 创业者必须比别人来得聪明

聪明人固然反应快些，但追求成功的旺盛企图心，却未必比另一位智力中等，竭尽所能的创业者强。同时，生意上大量的决策，往往不是靠聪明脑袋想出来的好点子来决定，而是依靠全面市场、缜密的调查分析才得出的。

(2) 创业的目标是一夜致富

一夜发家致富的故事不断地流传，书店中也充斥着成功企业家如何一朝抓住机会成功致富的案例分析以及教人如何短时间致富的书。

但许多人却不知道现在的成功人士在没有成功以前经历了多少艰辛和波折，更不知道导致他们成功的关键点是什么。

许多人很喜欢读成功名人的传记，希望从他们的经验中汲取养分，但在杨斌和周正义大肆讲述自己成功心得的时候，谁又会想到背后完全不同版本的故事。

所谓成功企业和成功企业家对自己的经验总结与现实往往是两回事；自传中充斥着炒作和宣传的成分，回忆录中往往省去了一些不为人知的关键点。所以照单全收的读者往往会被误导。

事实上因为存在很大的风险，创业不是所有人都适合选择的道路。据统计，美国每年有大约 200 万家新创企业，其中 70 万成功地完成注册可能有成长的机会，成功注册的公司八年后生存的只有 50% 。

创业是一个艰辛的历程，初创阶段的企业所面对的困难往往令创业者的个人和家庭生活都受到影响，财政上承受着巨大压力，万一创业失败还要承担失败所带来的一系列后遗症。所以事实上，所谓白手起家，是创业者运用自己有限的资源，自发性地利用市场机遇发展事业所面对的一场硬碰硬的战争。

这场硬仗打赢了固然可以带来财富，但创业者在实施的过程中还有许多随之而来的东西，包括心理的压力、焦虑、挫折、喜悦、无助、成功的满足感、付出代价时的痛苦等，酸、甜、苦、辣是每个创业人所必经的历程，所以有些人事后才发现，他们宁可追求更平凡、更安稳的生活。

(3) 创业家是喜欢赌一把的人

事实上创业家比任何人都必须具备风险意识，他们愿意冒险，但冒的是经过严谨计算并可以有效控制的风险，毕竟一旦失败会令他们付出沉重的代价，所以他们需要收集和筛选足够的数据和事实，通过严谨计算的风险来支持他们理性的决定。

当然，勇气对于白手起家的人很重要，不下海就不可能真正知道下海游泳的滋味，也无法证实自己真正的能力。

(4) 资本是创业唯一需要的资源

资金并非唯一需要的资源，对于有些行业而言甚至不是最重要的资源，市场上充斥着缺乏出路的资金，所缺的是懂得有效运用他们的公司和企业领导人。

白手起家的人往往缺乏资源的支持，资金只是这种资源的组成部分，其他还包括以下的一系列资源：客户基础、供应商支持、有能力的员工和团队支撑、品牌和声誉、技术和服务支持体系、生产工艺流程等。

创业者应该在创业前就学会如何在非常有限的资源下作战，提早进行充足的准备和积累。

其中一个好办法是在没有正式下海之前尽量在目前的工作中模拟，使自己适应将来需要面对的相似环境，以上资源的积累需要一个过程，企业家的成熟需要付出代价。

每个人的成长都要交学费，初创的企业由于资源有限注定了难以承受大的失误，没有多少资源可供浪费。而这些代价通常是要付出的，所以如果不在创业前交足够的学费（类似工作中所经历的失败教训、从中获得的感悟等），很可能会在创业初期栽跟头，也可能导致初步成功后的滑铁卢。

（5）钱是创业者的唯一目标

白手起家的人是拥有某种类型价值观的人，首先他们都具有企业家的价值观，他们既是理想主义者又是现实主义者。

创业者实现自我价值的方式是通过发现市场的一特定机遇，然后去建立一个组织去实现，并通过推出新的产品和服务去满足社会或市场的特定需求。他们都是一群不甘于平凡、愿意为追求理想而付出代价的人，这个理想并不是钱本身，但由于创业者所从事的是商业活动，钱是他们的成绩单和里程碑。钱不是企业存在的唯一目标，单纯追求利润（尤其是短期利润）的企业是难以长久的。

（6）追求短期成功的快钱

成功需要天时、地利、人和以及足够的运气。不要小看运气，如果时运不佳，再出色的企业家也得在困难中挣扎。

创业之路就像走一条漆黑的隧道，在看到曙光前都将会是一片黑暗。看到光明前的心理承受能力和实现理想的执著，是决定成败的重要因素。真实的创业故事都不是一帆风顺的，你必须在创业前积累足够的资源，令你能撑到成功的那一天。

许多人抱怨被房子、车子的供款捆住，家庭无法承受创业的风险。事实上在买车买房时，你就应该考虑对以后造成的影响，创业是很早就应该考虑的一项人生目标，其他的家庭决策都要与之相配，创业是一项系统工程。

2. 正确的思维造就正确的行动

人的一生，可以说是由学、思、行三方面构成的。总结这三者的关系，是学须思，行也须思。人们的感性所得都是具体的、特殊的，只有经过思考，经过大脑的一番加工、改造，才能升华为抽象的、一般的认识。

一只鸡加一只鸡等于两只鸡，一只鸭加一只鸭等于两只鸭，一只鸡加一只鸭等于什么呢？答案是两只家禽。这里就进行了抽象思考，把鸡与鸭都看成家禽，即把它们的单位定为家禽。单位相同，前提正确，当然就可以相加。

思考是重要的。学会思考，是所有成功者能够成功的技巧所在。思考会让人类增长学识，会让人类袒露心智。

尽管思考有深有浅，但思维世界的发展却像一个自由的精灵，能冲破束缚、摆脱世俗。因此，会思考的人就是强者。

两千多年前，伟大的教育家孔子就对人类的思维和学习作出了精辟的论述："学而不思则罔。"思考是破疑解惑的利刃，是开启心智的钥匙。没有思考就无法创新。

力学之父牛顿说："如果说我对世界有些微贡献的话，那不是由于别的，只是由于我的辛勤耐久的思索所致。"

伟大的科学家爱因斯坦也曾指出："只用你的眼睛看东西，那是不会发现什么的，只有用你的心去思考才是最可行的办法。"

对同样一个问题的理解，一些人的思想像白开水，淡而无味；一些人的思想则像一杯醇酒，浓且厚重。原因固然很多，但关键在于这个人是否善于思考。善于思考，才能有所发现，否则就收效甚微。

从一定意义上讲，思考是成功之母。善于思考者离成功越来越近，不善于思考者势必不会取得大成就。

“当一个陌生的新生事物出现后，只有5%的人知道应赶快做，这就是机会。做早就是先机。不管是什么行业，当有50%的人知道后，你做个消费者就行啦；当超过50%时，你看都不用看。”这是华人首富李嘉诚给人们的忠告。

生活在同一个时代，面对同样的机会，为什么一部分人总是一无所有？为什么一部分人却可以富起来，改变自己的命运？为什么同样出身的人，命运却如此悬殊？答案只有一个，思维不同。思维决定着人的行动力，而行动直接导致结果。

有一位朝气蓬勃的年轻人，在一家石油公司里谋到一份工作，任务是检查石油罐盖焊接好没有。这是全公司最简单最枯燥的工作，凡是有些理想的人都不愿意做这个工作。这位年轻人也觉得天天看铁盖实在太没有意思了，于是他找到主管要求调换工作。可是主管说：“不行，你既没有学历，又没有技术，你认为你可以胜任哪项工作呢？所以，还是老老实实地回去工作吧！”

碰了一鼻子灰的年轻人只好回到焊接机旁，继续检查那些油罐盖上的焊接圈。既然好工作轮不到自己，那就不要再抱什么希望了，还是听主管的话，老老实实地工作吧！

自此以后，年轻人静下心来，仔细观察焊接的全过程。时间一长，他发现了一种有趣的现象。每焊接好一个石油罐盖，都要用39滴焊接剂，不多不少，每次都是。为什么一定要用39滴焊接剂呢？少用一滴行不行？在这位年轻人之前已经有许多人干过这份工作，可从来没有人想过这个问题。这位年轻人不但想了，而且进行了测算。结果发现，焊接好一个石油罐盖，只需38滴焊接剂就足够了。

年轻人在最没有机会施展才华的工作上找到了用武之地。他非常兴奋，立刻开始为自己的设想行动起来。

经过他的调查发现，公司原有的自动焊接机是为每个罐盖消耗39滴焊接剂专门设计的，用旧的焊接机是无法实现每罐减少一滴焊接剂的目标的。年轻人决定另起炉灶，研制新的焊接机。经过无数次实验、测试后，他终于研制成功了“38”滴型焊接机。使用这种新型焊接机，虽然每焊接一个罐盖只能节省一滴焊接剂，可是积少成多，一年下来竟然可以为公司减少5亿美元的庞大开支。

这件事轰动了整个公司，一个每年能创造5亿美元价值的人，谁还敢小瞧呢？年轻人迈出了成功的第一步。许多年后，他成为世界石油大王。现在我们都知道了这个年轻人就是洛克菲勒。

普通人之所以普通，是因为他的看不起普通的工作，不愿做小事。就算他们对事业有成功的雄心、信心，但缺少恒心、爱心，对司空见惯的事常常视而不见，见而不思。洛克菲勒的成功是令人向往的，但他的起步却是极其普通的，并没有什么不平凡。关键因素只在于，他比别人更喜欢思考。

有什么样的思维就会有什么样的态度和行为，我们的一言一行均脱离不了思维的影响。只有突破思维定式的禁锢，不局限于传统模式，打破常规，敢于并勇于创新，才能呼吸到新鲜的空气，享受到成功的滋味。

思维活动的目的就是对事物有一个理性的认识。一切根据并符合客观事实的思想都是正确的思想，它对客观事物的发展起促进作用；反之，则是错误的思想，它对客观事物的发展起破坏作用。

知识关系事物的发展，思想关乎人生的发展；知识是理念的外化，思想是人生的反观；知识看到一块石头就是一块石头、一粒沙子就是一粒沙子，思想却能从一块石头上看到风景，从一粒沙子上发现灵魂……知识太多思想太少，也是阻碍成功的原因。

其实，每一次成功都是可以被预期、被肯定的。只要做某些约定俗成的事情，使用某些法则，任何人都可以成功。

知识与思想都是人类的精神现象，但是知识与思想之间又存在着一些差别。知识是什么？这是一个很难定义的概念。一般认为知识是一种事实判断。思想是什么，这是一种关系判断，也是一种陈述性的知识。

我们有许多的知识是关于经验事实的描述与判断的。在理性思维中，知识有许多是高度抽象了的概念与公式。可以说，知识是一个人形成思想的材料。没有这些材料，是无论如何也不会产生思想的。

思想是知识的升华，是一种见识与感悟。面对同样的事物与现象，人们会产生不同的心境，会有不同的感悟，产生不同的结论，这些都是因为人有不同的思想。

知识不等于思想。没有思想，再多的知识也是一无是处。饱读圣贤书的人，也可能只是一个活动的书柜而已。有知识同时又有见地的人才有思想。有时思想与知识是对立的，所以康德才说，必须限制知识，以便为思想信仰留出余地。尤其是理性的知识，更没有资格代表人类的思想。

知识只不过是成功的原料而已，思想才是产生价值的成品。知识并不等于思想。“知识改变命运”的前提是：把知识升华为思想，并用“心”做人，用“心”做事，用“心”追求成功！真正有知识的人，懂得运用知识赋予的力量改变外在的世界、改善自我的生活，这才是真正的成功。

3. 短视症是你的死穴

很多大学生创业者都显得过于急躁，过于短视，都希望一夜之间就成功。好多人把赚多少钱定为目标，什么赚钱搞什么，什么热做什么，今天炒房地产，明天玩股票金融，赌博心理很重，目光再稍微远点的就是将企业有多少资产作为目标。

其实这些都不是企业的正确目标，正确的目标应该是根据产业和自身的优势，确定你在哪一个产业要成为一个什么样的企业。

有一家餐饮企业，有两个各方面条件、环境基本一样的分店 A 与 B。

A 店的店长特别重视改善各方面的品质，不断加强员工的培训投入，大力投入发展创新，积极组织各类售后服务，并增加了空调、切肉机等设备；

而 B 店的店长比较注重营业额利润指标，提出了营业额、利润每年提升 10% 的经营目标。为了做到这一点，他取消了培训计划、解雇了一些员工，削减了创新预算，强化了员工的推销……年终时按照会计的核算方法，B 店由于成本控制“得法”，经营目标超额完成。而 A 店因为经营成本较高，虽然营业额增长了 15%，但账面反映利润只增长了 6%。A 店长的做法自然受到了企业老板的置疑。

像这家餐饮企业一样患有“短视症”的还有很多。究其原因，主要有一下几方面。

(1) 自身定位短视

美国的铁路把自己定位于铁路业而非交通运输业、好莱坞把自己定位于“电影业”而非“娱乐业”、就像“马车”认为自己就是用马拉的车而没有意识到自己是"运输工具"等等，局限了企业发展的思路，也会丧失发展的机遇。

正如一些企业自认为"乡镇企业""个私企业"一样，自我限制、甚至降低经营要求，实际上只要是企业，在经营上并没有本质的区别。从产品的角度而言，真有企业认为自己就是做"被套"的而没有更开阔地认为是"床上用品"。

或者我们能够从下面的一些企业的使命定位上得到一些启发。

AT&T：提供信息沟通工具，而不是仅仅生产电话；

埃克森：提供能源而不仅仅是出售石油和天然气；

露华浓：出售希望而不仅仅是化妆品；

开利：创造舒适的家庭环境而不仅仅是生产空调器；

哥伦比亚电影公司：提供娱乐活动而不是仅仅经营电影业……

（2）经营缺乏战略远视

一些年轻的大学生创业者并没有明确的战略目标和思路，总是走一步看一步，特别重视眼前利益而忽略长远和可持续发展，甚至为了追求今天的销售和利润根本不考虑明天的发展。

例如滥用促销手段模糊了企业的定位，甚至把一个经营名优产品的企业变成消费者心目中的"地摊式"经营，有时还会做坏整个行业，大家都难以为继。

至于为寻求短期利益，不规范的、不正当的、损害市场、消费者、同行利益的短视做法亦时有发生且后果更为严重。"把生意做好"跟"把市场做好"是有本质区别的。在一些地方，如果要问"羊毛衫市场被谁做坏了?""皮装被谁做坏了?"答案恐怕只有这个地方的经营者自己最清楚。

（3）市场视点狭隘

很多企业总算摆脱"眼光向内""以产品套市场"的经营思路，开始重视市场，但是对市场的视野仍然有狭隘的一面，有的只能注意到现实需求而忽略市场的动态变化和潜在需求。

有的地域视野狭隘，局限在"本地"或周边市场，而放弃了地域扩展机遇，对有条件和实力的企业而言是非常可惜的。

温州人的成功从反面说明了这一点。在全球化市场趋势的今天，这种狭隘尤其阻碍企业的发展。

（4）对经营诸环节不能系统把握

企业的经营活动是统一在经营目标之下的一张动态网，内外、上下、左右、前后是相互关联的。

如果仅仅把眼光放在其中的一个结点上，甚至以此为出发点，那肯定不能从全局上把握经营，当然也就会出现内外脱节、上下不一致、前后左右不协调甚至矛盾的问题，使经营者陷入极度混乱的状态，很难理清思路。

同样也会出现为市场而市场、为质量而质量、为生产而生产等脱离目标、头痛医头的轻重缓急不分的现象，管理脱离目标是非常危险的。

（5）缺乏对经营规律的总结

了解规律，可以达到某种程度的“先知先觉”。

应该说，任何一个产品、任何一项技术、任何一个行业、任何一个市场，都有其产生、发展的规律。

如果对规律不了解，那就对经营缺乏动态把握，“短视”在所难免。

有的大学生创业者连“产品生命周期”都不知道，在产品市场销量很大，但明显进入成熟末期的时候决策扩大生产规模，导致整个企业的瓦解。

如果一个企业在利用20世纪60年代的技术走“巨人战略”，根本提出了错误的经营方向，若非得以及时调整，后果不堪设想。

经营短视不是一个小问题，它不仅导致良好机遇的丧失，还可能导致企业的毁灭。千万不能认为这是大而空的道理，它是非常现实的问题，我们需要更辽阔的视野，更长远的眼光，更系统的思维，更务实的态度。

“短视症”是一种精神瘟疫，它能够传染蔓延。最终它会毁灭目标，它会打击人的心灵和信心，最终目标的价值也荡然无存。

4. 创业，当心被观念误导

由于有志创业的大学生青年们在社会上工作的经验不足，他们总是在问自己：我到底准备好了没有？其实，企业成功没有共同的规律，创业未必需要投资一大笔金钱，未必需要建立很大的规模，甚至未必需要一间办公室或店铺。有志创业者没有必要被一些所谓的理论束缚自己的手脚。

（1）感情误导

由于青年创业资金跟创业经验都不足的情况下，很多创业企业是由亲朋好友或同学组建起来的，有的虽一人出资，但起初加盟的都是熟人。由于彼此十分熟悉了解，因此在创业期常常凭借昔日的感情自觉做事，忽视了必备的契约安排。

这种“重感情、轻契约”的工作关系，随着创业企业的成长，矛盾和问题会逐渐暴露出来。比如，很多企业的创业同盟者起初很少提报酬多少或报酬相对较少，可随着企业业绩的增长，一些创业者由于考虑公司的财务还相当紧张，因此认为报酬还不到提高的时候。

另一些企业者由于过于守财，则故意默许起初建立在感情基础上的薪酬标准；还有一些企业者提出了遥遥无期的股权分配计划。这一问题不解决，必然成为日后效率低下、分道扬镳的根源之一。

（2）资本误导

创业资金是创业者首先要考虑的问题，商业圈子里资金缺乏是普遍现象，银行家少的是几十亿元头寸，企业家缺的几百、几千万元项目基金，巷子口的小店也需要借个几千元周转，资金不足并不是创业的绝对障碍，没有做好创业准备前，你可以从不需要大量资金的小本生意做起，或是把你的创业计划缩小，再不然你还可以把它拆做几块。

总之，你总能找到办法，先把生意做起来，等最初的生意做成功赚了钱，再设法扩大生意范围，只要你掌握住做生意的原则和足够的运气，最后你还是能够成功的。

（3）构想误导

不要总是觉得自己的想法就是最好的，真正好的构想，常常是在不够好的构想上全力以赴奋斗一番以后才会出现的。难道我们就因为只是一些普通的构想，就停步不前，放弃我们创业的心愿吗？

所谓好构想还须经过市场验证才算得上好，既然我们的知识和经验天天都在增加，我们的企业构想当然也经常需要调整、修正、补充、创新。

所以，当其他条件都有眉目的时候，即使我们的创业构想并不显得那么突出，我们仍然可以选择“在相同水平上和人公平竞争”的方式，开始我们的事业，成功的关键在于实践，我们至少得到一个中等的成果。

倘若拥有上好的生意构想，却不用心执行，结果什么也得不到。

（4）技术误导

常常会听到创业者说“我的技术是最好的，我的技术真的是最好的”。但是在创业时不光是技术，还有营销、还有管理。

在整个项目里技术含量很重要，但它的地位只是一部分而已，在20世纪80年代，阿波罗电脑比sun的技术要好。结果现在谁胜出来？还是sun，是市场，不是技术。所以，营销和管理很重要。

（5）所有权误导

一些创业者，不愿意找有能力的人来共同合作创业。中国要想有世界级领先的公司，必须有强有力的管理，最基本的一点就是企业的拥有权和管理权一定要分开，要分得清清楚楚。在中国人的思想中大都有一种“拥有”情结，不懂得合作与分享。

针对于创业此乃“大忌”。为什么中关村的企业都做不大？稍微大一点了，又要裂变？其根源在于人们的观念。

创业团队一定要合力把饼做大。有位创业者就曾深感痛惜地说道“失误在于当初把股份看得太重，该进来的人没有进来，所以企业至今还是一块小饼。”在创业过程中总会出现这样或那样的问题，作为创业者要不断吸取他人的教训和经验，尽量避免创业误区，成功的机会才能更大。

(6) 教育背景误导

良好的教育背景带给人信心，帮助人站在较高的起点，但是投入工作以后，社会大学有价值的成绩还要看工作的结果。

能不能创造工作成果的关键在于创业者是否继续保持学习的心态，而过去学历所造成的差别将会日渐泯灭，日本松下电器的松下幸之助，台湾塑胶巨子王永庆的正式学历都不超过小学程度，但他们都凭个人的努力创造了超级的事业，你能说学位一定与成就成正比吗？

5. 拥有发现的眼睛

创业难，发掘创业机会更难。有一些人将创业点子的产生，归因于机缘凑巧，所谓“无心插柳柳成荫”。不过，研究创意的专家以为，创意只是冰山上的一角，没有平日的用心耕耘，机缘也不会如此的凑巧。

所谓的机缘凑巧或第六感的直觉，主要还是因为创业者在平日培养出侦测环境变化的敏锐观察力，因此，能够先知先觉形成创意构想。

既然公司的业务要从机会中产生，那么机会在哪儿？哪些情况又代表着机会呢？可以说机会无时不在，无处不在。但如果想知道掌握机会的简便方法，不妨关注以下几个方面。

（1）要学会观察趋势

观察趋势并研究它们如何创造创业者追求的机会。经济因素、社会因素、技术进步、政治活动与制度变革是要遵循的最重要趋势。

把握这些趋势有两种途径：其一是认真研究并观察这些趋势。一般说来，具有产业经验和创造性、构建有良好的社会网络、警觉的创业者，更可能发现趋势并正确解释它们。其二是，从独立调查公司购买定制化的预测和市场分析。

精明的创业者意识到，他们没有时间和资源去了解有关新兴趋势的每个方面。于是，他们利用专业调查公司提供的服务，这些公司提供传统的咨询服务，也提供年轻的创业企业买得起的其他服务。

（2）变化就是机会

环境的变化，会给各行各业带来良机，人们透过这些变化，就会发现新的前景。变化可以包括：①产业结构的变化；②科技进步；③通信革新；④政府放松管制；⑤经济信息化、服务化；⑥价值观与生活形态变化；⑦人口结构变化。以人口因素变化为例，可以举出以下一些机会：为老年人提供的健康保障用品、为独生子女服务的业务项目、为年轻女性和上班女性提供的用品、为家庭提供的文化娱乐用品。

(3) 追求“负面”就会找到机会

所谓追求“负面”，就是着眼于那些大家“苦恼的事”和“困扰的事”。因为是苦恼、是困扰，人们总是迫切希望解决，如果能提供解决的办法，实际上就是找到了机会。例如双职工家庭，没有时间照顾小孩，于是有了家庭托儿所；没有时间买菜，就产生了送菜公司。这些都是从“负面”寻找机会的例子。

(4) 集中盯住某些顾客的需要就会有机会

机会不能从全部顾客身上去找，因为共同需要容易认识，基本上已很难再找到突破口。而实际上每个人的需求都是有差异的，如果我们时常关注某些人的日常生活和工作，就会从中发现某些机会。

因此，在寻找机会时，应习惯把顾客分类，如政府职员、菜农、大学讲师、文学编辑、小学生、单身女性、退休职工等，认真研究各类人员的需求特点，会发现很多机会。

(5) 由分析特殊事件来发掘创业机会

例如，美国一家高炉炼钢厂因为资金不足，不得不购置一座迷你型钢炉，而后竟然出现后者的获利率要高于前者的意外结果。再经分析，才发现美国钢品市场结构已产生变化，因此，这家钢厂就将往后的投资重点放在能快速反应市场需求的迷你炼钢技术。

(6) 由分析矛盾现象来发掘创业机会

例如，金融机构提供的服务与产品大多只针对专业投资大户，但占有市场七成资金的一般投资大众未受到应有的重视。这样的矛盾，显示提供一般大众投资服务的产品市场必将极具潜力。

(7) 由分析作业程序来发掘创业机会

例如，在全球生产与运筹体系流程中，就可以发掘极多的信息服务与软件开发的创业机会。

(8) 由分析产业与市场结构变迁的趋势来发掘创业机会

例如，在国营事业民营化与公共部门产业开放市场自由竞争的趋势中，我们可以在交通、电信、能源产业中发掘极多的创业机会。在政府刚推出的知识经济方案中，也可以寻得许多新的创业机会。

(9) 由价值观与认知的变化来发掘创业机会

例如，人们对于饮食需求认知的改变，造就美食市场、健康食品市场等的新兴行业。

(10) 由新知识的产生来发掘创业机会

例如，当人类基因图像获得完全解决，可以预期必然在生物科技与医疗服务等领域带来极多的新事业机会。

(11) 从“低科技”中把握机会

随着科技的发展，开发高科技领域是时下热门的课题，例如美国近年来设立的风险性公司、电脑占25%，医疗和遗传基因占16%，半导体、电子零件占13%，通信占9%。但是，公司机会并不只属于“高科技领域”。在运输、金融、保健、饮食、流通这些所谓的“低科技领域”也有机会，关键在于开发。

虽然大量的创业机会可以经由有系统的研究来发掘，不过，最好的点子还是来自创业者长期观察与生活体验。

6. 如何找到“柳暗花明”的新商机

你若要创业，就应当重视那些被别人忽视的机会。美国的丹·斯鲁特和拉赛尔·斯鲁特兄弟正是靠这个取得了创业成功。在1997年的商品展览会上，他们抓住了一个大概人人都会忽视的机会，并且成功地推出了新产品，创立了自己的事业。

据斯鲁特兄弟介绍，他们参加1997年在芝加哥举行的宠物商品展时，在一个几乎没人注意的小展台前，看到一个很好的实物示范。将三四杯的水倒进碗里，在里面放入很少量的小球，结果小球吸光了所有的水。

斯鲁特兄弟发现这种由硅砂做成的神奇的小球具有很强的吸收功能，是做小猫褥袋最适合的材料。于是，他们同中国的一家硅胶企业签订了生产合同。这样，这种小球走上了生产线。

事实证明斯鲁特兄弟是正确的。现在，美国的杂货店和大卖场里被称为“水晶珍珠”的完全透明的小球褥垫卖得很好。而且，兄弟俩还因此获得了全美宠物协会颁发的杰出技术进步奖和1999年度《小猫迷》杂志所颁发的奖励。

这种成功也是在经历了许多艰辛之后才获得的。在商品展览会后，这对兄弟咨询了工业专家，来确定人们是否会认可这种新产品的潜在价值。他们对那些养猫的人免费赠送了样品，在得到正面的信息反馈后，他们才决定上马这个项目。

斯鲁特兄弟还制定了具有竞争力的价格。2000年，兄弟俩已经将“水晶珍珠”推介到遍及美国的杂货店和大卖场。说起创业成功的经验，兄弟俩认为，主要是遵从了下面的准则。

开发的产品具有能够引起人们注意的差异性。在市场上产品琳琅满目的今天，如果你的产品没有足够的特点让人们注意到的话，你就不会成功。“水晶珍珠”就有两种能够让消费者立即发现的特征。

第一，它是个很小很方便的袋子，只有 4 磅重。这与那种 14 磅的褥垫有很大的不同。

第二，水晶珍珠能够吸收所有的液体，而别的产品则将那些液体吸收后再结成小的硬块。

这个产品能吸引分销渠道销售你的物品。如果你没有产品的分销商，即使消费者喜欢你的产品也没有用，因为他们没有机会看到你的产品。要想得到分销商的支持，就要求你的产品至少有很强的卖点。

斯鲁特兄弟的产品至少有两个卖点：

一是这种小袋子可以在他们的货架上占据更小的地方，同样大小的货架可以陈列比他们的竞争者更多数量的产品。

二是斯鲁特兄弟能够给他们带来更多的利润。发现者通常最大错误的是：他们相信分销商会因为产品新，就会以比较低的利润去分销他们的产品。事实上恰恰相反，分销商们希望能从新产品那里获得更多的利润。

定价的时候应该与同类产品比较。事实上，对消费者而言，当一种产品的价格同已有的同类产品价格相近的时候，他们往往不愿意试一试新产品。因为大多数消费者都不止一次地吃过新产品的苦头，所以在经过许多的怀疑之后，他们才会接受新产品。于是，产品的价格往往成为决定他们买还是不买的决定因素。

斯鲁特兄弟无疑具有成为企业家的潜质。他们认为：为了达到事业的成功，你必须时刻睁大眼睛，瞅准机会，遵从适合于新产品开发的指导方针，抢在人家发现你的“财富”之前就行动。

创造国内出版界的奇迹，被誉为出版业“超级黄金搭档”的金丽红、黎波，就是值得我们学习的典范。如今的出版业竞争日趋激烈，大多数出版社、书商都感叹畅销书少、畅销书可遇而不可求，市场如何的不景气。就是这时候，金丽红、黎波这对出版界的黄金搭档，创造出的畅销书品种超过数十种，单品种市场销量绝大多数达到三十或五十万册，有的甚至超过100万册。

金丽红以前是一名记者，1988年，她从中央人民广播电台来到华艺出版社，开始进入出版界。

20世纪90年代中期，金丽红就敏锐地发现了一个创新切入点：只有一流的、成功的人物才具有相对的权威性，对同领域的人士和普通读者才有足够的震撼力和影响力。如果名人的书在市场上一旦面世，肯定会有很大的需求量。

她还考虑到，尽管名人不一定都能写书，写出的书并不一定都会受到读者的欢迎，但图书的销量肯定是与其社会知名度成正比的。

基于这样的想法，金丽红瞄准这一目标积极行动起来，筹划选题，向名人组稿。她多年的记者生涯既为她提供了敏锐的眼光，也对她从事出版工作提供了很大的便利。近几年内，这对黄金搭档在畅销书上从未失过手，从央视的著名主持人、最有实力的作家到演艺界的大腕等等，几乎全部被他们一网打尽。

金丽红的成功再次表明，要善于营造新概念，即使在不景气的市场中也能屹立不倒。

在欧美国家，约有50%以上的中高档服装，消费者在购买的同时要进行服装的合体修改。90%以上的裁缝专门从事Alteration（服装全体修改）。这种新衣修改主要包括袖长、裤长、裙长的腰围等。

修改的基本要求是贴切的符合消费者的身材，更高一点的要求是修改服装的曲线、比例和轮廓，使修改后的服装充分展示消费者体形的优点，掩饰缺陷和不足，真正体现“人靠衣装”。好的服装修改师在美国很受欢迎，高档商场不惜花高薪聘请他们，因为他们能够帮助商场招揽和留住一批忠实客户。

美国绝大多数消费者都有自己满意的、常常光顾的服装修改师，有的顾客甚至会跟着他们满意的修改师“改换门庭”流动到其他商店。而在国内，这项服务似乎并没有得到足够的重视。

很多消费者可能都碰到过这样的情况：发现一件款式、颜色和风格都令自己十分满意的衣服，但是试穿后才发现袖子太长或是腰围太粗，由于没有配套的修改服务，只好忍痛割爱，放弃购买的念头。

聪明的销售人员应当设法与好的服装修改师保持良好的沟通关系，以期在销售时能借他们一臂之力。

某玩具厂生产了许多漂亮的玩具熊和芭比娃娃，做工精细，标价也相当低，可就是销不出去。

一天，老板无意中发现许多小孩围着一只奇丑无比的昆虫，玩得不亦乐乎。他茅塞顿开“市场上的玩具都是一个比一个漂亮。数量众多的漂亮玩具不仅加剧了竞争，也难免使人腻味。如果推出一批丑陋玩具，那么其新鲜感或许会吊起孩子们的胃口，使他们趋之若鹜地争相购买，岂不是出奇制胜?

于是老板专门请了几个孩子利用业余时间画丑娃娃，然后选出其中丑得古怪而有趣的图案送去工厂加工，结果这批玩具推出市场后即销售一空，大批订单随之接踵而来。

可见，不妨换一种眼光看问题，把着眼点放在别人尚未涉足的空白地带，或许就进入了“柳暗花明”新境界。

7. 将坚持进行到底

创业并非易事，更何况是毫无社会经验、缺乏资金支持的大学生。创业之艰难是无法言喻的，尤其是在创业初期你会面临资金短缺、市场不稳、产品质量、策略实施、管理不当、时机不到、国家政策法规不了解等一系列你必须面对的问题，它关乎企业的生存和发展，必须有你坚定的创业理念来指引你一路前行，风雨无可阻挡。

很多人曾经都有过这样的抱怨：他有什么了不起的，这个主意我早就想到了，只是还没有开始做，或者做了一半就放弃了。

这种酸葡萄的心理很多人都曾有过，其实很多人成功了，并不是他们有什么绝妙的创意，只是在他们认为正确的道路上坚持到了最后。

而有的人，则是三天打鱼两天晒网，当遇到了挫折时，就开始怀疑自己的决定是否正确，很容易就放弃了本该可以成功的道路。

我们坚持的前提是路径要正确，就是我们首先要有正确的目标，如果一开始方向就错了，那么一直走下去的后果只能是与成功越来越远。路径正确，是我们坚持不放弃的前提，所以，目标的正确性，是我们首先要考虑的问题。

撒哈拉沙漠中有一个叫比塞尔的小村庄，传说，村里从来没有一个人走出过大漠，不是他们不愿意离开这块贫瘠的地方，而是尝试过很多次都没能够走出去。英国皇家学院的院士莱文对这种现象感到很奇怪，他来到这个村子向这儿的每一个人问其原因，每个人的回答都一样：从这无论向哪个方向走，最后结果总是转回出发的地方。

为了证实这种说法，他尝试着从村庄向北走，结果三天半就走了出来。莱文很纳闷，让一个人带路，他跟在那人后面，十天过去了，他们走了大约

800 英里的路程，第十一天的早晨，他们果然又回到了比塞尔。这次莱文明白了，比塞人之所以走不出大漠，是因为他们根本不认识北斗星。

在一望无际的大漠里，一个人如果跟着感觉往前走，他会走出许许多多，大小不一的圆圈，最后的足迹十有八九是一把卷尺的形状。比塞尔村位于一个方圆几千里没有一点参照物的沙漠中，若不认识北斗星又没有指南针，想走出沙漠的确不可能。

这个和莱文一起走出沙漠的青年就是阿古特尔，他因此成为比塞尔村的开拓者，在他的带领下，人们终于可以走出沙漠。如今，他的铜像竖立在小城的中央。上面刻着一句话：新生活，从选定方向开始。

生活中如此，要想成就一番事业同样如此。很多人都雄心勃勃希望自己能够创出一番自己的事业，但光有热情是远远不够的，更为关键的是要找对方向，所谓找对方向，就是要找一个真正适合自己的位置，一个五音不全的人就不要奢望自己成为歌唱家了，只有找对了属于自己的方向，坚持着走下去才能获得最后的成功。

世界上很多杰出的人，从小就找到了自己适合的成功方式，也许开始的想法并不是很成熟，但是大体的方向则是完全正确的，他们一直坚持着让自己从这个领域中获得财富，积少成多，最终成为世人追捧的偶像。

有一个 12 岁的小男孩，进行了人生的第一次生意冒险。原来，他酷爱集邮，可是从拍卖会上卖邮票会交纳一定的费用，他觉得不合算。

于是他说服自己一个同样喜欢集邮的邻居把邮票委托给自己，然后在专业刊物上刊登卖邮票的广告。出乎意料，他赚到了 2000 美元，他第一次尝到了抛弃中间人、“直接接触”的好处。

小时候的这次经历让他刻骨铭心。上初中时，他开始做电脑生意——买来零部件，组装后再卖掉。在这个过程中，他发现一台售价 3000 美元的 IBM 个人电脑，零部件只要六七百美元就能买到。

而当时大部分经营电脑的人并不太懂电脑，不能为顾客提供技术支持，更不可能按顾客的需要提供合适的电脑。

这就让他产生了灵感：抛弃中间商，自己改装电脑，不但有价格上的优势，还有品质和服务上的优势，能够根据顾客的直接要求提供不同功能的电脑。

再后来，小男孩长大，创办了自己的电脑公司，并采取了自己童年时期“直接销售”模式，真正按照顾客的要求来设计制造产品，并把它在尽可能短的时间内直接送到顾客手上。他凭借着自己发现的这种模式，一路做下去。2002 年，他荣登《财富》杂志全球 500 强中的第 131 位，他就是著名的戴尔。

从 1984 年戴尔退学开设自己的公司，到 2002 年跻身财富榜，不到 20 年时间，戴尔公司成了全世界最著名的公司之一。

正是初次做生意时的正确路径选择，奠定了后来戴尔事业成功的基础。对于每一个想功成名就的年轻人来说，其实成功就这么简单：别总是跟在别人后面，选择属于自己的正确路径，然后一直走下去！

大凡世界上的伟人们，在当时无不被人另眼相看，但他们却同样都是凭着自己的执著及决心，沿着自己认为正确的道路，一直走了下去，最终达到了自己的目标，取得了自己的成功。

坚持的力量是伟大的，一个非常常见的现象就能引发我们深深的思考。

蜘蛛不会飞翔，但它能够把网结在半空中。它是勤奋、敏感、沉默而坚韧的昆虫，它的网制得精巧而规矩，八卦形地张开，仿佛得到神助。这样的成绩，使人不由想起那些沉默寡言的人和一些深藏不露的智者。蜘蛛不会飞翔，但它照样把网结在空中。奇迹是执著者造成的。

蜘蛛不会飞翔，但它能够表现出飞翔同样的效果，这是由于坚持。坚持是一种无坚不摧的力量，当你坚信自己能成功时，并沿着你认为正确的道路走下去，你必能成功。

不要被很多事情表现得伟大所恐吓住，任何伟大的事情都是一点一点做起，他们的成功不是因为做事方法多高超，而在于他们持之以恒。只要你也能持之以恒，你一样会成就伟业。

人缺乏的往往就是坚持到底的决心，但是，当我们真正静下来去思考那些成功人士的事迹的时候，我们总是能够从他们身上找到共同点——坚持到底的决心。

他们中几乎没有一个人是一帆风顺的，一帆风顺得来的财富也不会长久，因为你不懂得去珍惜。

当确定了自己要做什么以后，就应该沿着这条路一直走下去，尽管这过程中会遇到狂风暴雨，会不小心踩到泥坑，但这些都不应该成为你放弃的理由，当你克服了一个困难的时候你离成功就近了一步，千万不要在即将接近成功的时候对自己说放弃。因为成功就是在你失败了一千次以后仍不放弃的第一千零一次。

8. 大学生创业需关注冷藏的商机

大学生创业，是新型就业的一种形式。为就业计，大学生创业不能只着眼高精尖，而应该选择范围更广，以谋生存为第一要务。因此，专家建议，大学生创业要“活”得长，“活”得滋润，眼光应该避热就冷，独辟蹊径。

投资者要有好的商业触觉和投资敏感性，就像军人能抓住战机，渔翁知道哪里有大鱼。要善于进行市场细分，对消费者行为加以研究，把握顾客的消费需求及变化趋势，并不断创新，推出系列化产品与服务，打造新的市场亮点来满足顾客的需求。

冷门和热门，从来都是此一时彼一时也，做大了，做好了，让别人心动跟着行动，冷门也就变成了热门。因此，大学生创业的冷门路线，其实孕育着冷藏的商机。

(1) 从特殊需要中掘金

共同需要容易认识，基本上已很难再找到剩余商机。只有瞄准目标人群的特殊需要，寻找差异性，才能捕捉商机。

随着空巢家庭的增多，越来越多的老人希望有人陪着聊聊天，排除寂寞。大学生创办“情感家政”，也许会开拓很大的市场。情感家政工作，大学生可以作为个体户单干，也可以三五好友注册个公司，发挥个人所长，谋取规模效益。此外，还可以尝试创办让职场人士心理放松的相关企业，如成人智力玩具游乐场等。

社会各阶层的特殊需要多多，如双职工家庭，没有时间照顾小孩，没有时间买菜做饭，大学生能否创办“妈妈助理公司”？帮助双职工家庭接送孩子、辅导功课、搭配菜肴？一条龙服务，竞争力远远超于现在市场上的家政公司。

（2）从冷门中掘金

林枫读的是林业，很多人认为这个专业毕业后同农民也差不了多少。但林枫的选择更出人意料，从北京毕业后回到浙江老家，承包了一个苗圃，扦插、嫁接，甚至用上了组织工程，大规模种植，专门进行日本红枫、美国红枫、黑橡胶树等进口彩色树的引种，效益惊人。

一年龄的红枫苗一枝单卖就是近百元。林枫笑说，创业两年，资产已经数百万元。

冷门挖金，就是人弃我取。比如专利代理将是紧俏行当，首先是因为市场竞争已经进入到专利竞争；其次，还因为专利代理人考试通过率一向偏低，还不到10%，物以稀为贵，无论市场还是效益，自然赚得容易。

（3）从特长中掘金

“牛奶奶”“娃宝宝”，在上海联合产权交易所项目交易库中，经常可见一件件名称诙谐的商标叫卖。这些起价5万元的商标挂牌不久，就被人买走。

曾设计并高价卖出一个地板商标的小黄介绍：商标买卖正成为新的致富途径，一些职业炒标手看到一个立意巧妙、读起来朗朗上口，让人过耳不忘的商标，就一掷万金买下，再转手高价出售。

设计一个商标，注册等费用，不超过2000元，但挂牌出卖，起码5万元。巨大的差价，让小黄的创业路走得轻松而快乐。在短短一年中，就赚了近百万元。

每个人的潜能和特长，都有可能给你带来财富。有着较强的文字策划能力的大学生，是否想过当个文字侠客？不必专注于文学，比如写新闻、写策划调查，还可以做通讯员、做评论员、做时尚的短信写手，都是不错的选择。

（4）从低科技中掘金

小钱的创业刚起头时，大学同学颇为她惋惜：寒窗四年苦读，竟去卖鞋。

但小钱卖的女式皮鞋很特殊，全是39码以上的大码鞋。这是她从自己的生活苦恼中发现的商机。“现在的女生爱运动，因此大脚女生比比皆是，而一般鞋店的皮鞋最大只有38码或者39码，因此，不少女生只能终年穿运动鞋。”

但大脚女也爱靓鞋，小钱的大码鞋店开张后，开始只注重搜寻大码鞋，后来她发现，很多大脚女希望紧跟市场新鞋潮流，于是，她勤逛市场，看到最新潮的皮鞋，就请人批量生产，后来，干脆自己尝试进行大码皮鞋设计，小店的生意红红火火的。

在低科技领域创业，大学生的形象和素质，会让低科技创业也呈现文化韵味。比如色彩搭配是商品销售的第一眼动人因素，而学习美术、服装设计、建筑设计等专业的大学生，办个“好色”企业，专门为私人进行服装色彩搭配咨询；为市民进行四季家居色彩设计，用最少的钱让家居常住常新；为企业新产品进行色彩调查和创意；为各种展览会、展销会进行色彩布置等等，都应该有利可图。

9. 成功创业需要哪些经营意识？

捕捉市场机遇除了独特的商业眼光外，更离不开经商必备的意识观念。

（1）营销观念

在经历了生产观念、推销观念、市场营销观念和大市场营销观念之后，人们发现营销观念关系到企业活动的全过程的成败，是企业的兴败的关键。营销观念的正确与否要联系到一定的历史环境，同时要以发展的眼光看待营销活动，企业往往就能捕捉到市场机遇，为企业的兴旺打下良好的基础。

（2）时间观念

营销活动必须以充分利用时间为指导思想，以达到捕捉市场机遇，现代企业的营销活动以市场需求为核心，而市场又是瞬息万变的，既为企业创造营销机遇，又给企业带来风险。

在现代市场竞争中，要抓机遇，争取时间后，就能因势利导，化险为夷，在竞争中取胜。时间就是金钱，时间就是财富，以快取胜，创造时间效用，不轻易放过任何机遇。

（3）信息观念

营销活动必须以重视信息，充分利用信息指导思想。市场信息是有关市场营销状况的消息和情报，是现代企业进行市场营销活动的重要资源。

一切营销活动，从营销方向的确定到目标市场的选择，从产品设计到产品销售后的服务，从营销决策的制定到营销策略的运用，都要以信息为先导，以信息为依据。信息的这些作用无疑决定信息观念的重要地位。

信息是管理者的耳目。企业要捕捉到市场机遇，必须能掌握来自各方面的信息，知彼知己，方能取胜。

(4) **社会责任观念**

企业在人们的心目中似乎是一种唯利是图的野生动物。在现代社会，人们的价值观念已发生了变化，在竞争中获胜，仅仅依靠金钱是办不到的。俗话所讲的得人心者可以得天下，就是讲要树立社会责任观念。

一方面，企业是社会的一部分，理所当然地履行其所应负的义务。另一方面，在履行义务的过程中，企业可以得到很多的机遇。一旦取得公众的同情和支持，从长期来看，企业的机遇之源就能永不枯竭。

(5) **效率观念**

现代市场营销活动中，“快”是一大特点，市场机遇来得快，消失得也快，消费者需求变化也快，竞争对手崛起快，要求企业信息快，决策快，营销快，归根到底要求企业效率高，才能抓住市场机遇，掌握营销主动权。

“廉”是一大优势，可以赢得顾客，战胜竞争对手。提高效率，就能减少劳动的支出，降低成本，为实施廉价策略创造条件。企业树立效率观念，就能以快动作、低成本而高收益来捕捉到市场机遇。

(6) **竞争观念**

要捕捉到市场机遇，就必须积极参与市场竞争，在市场上争顾客，争质量，争效益。竞争的规律是市场经济发展的必然规律和客观要求。

(7) **质量观念**

捕捉机遇是在满足消费者需求的过程中进行的，离开消费者的满意之后，捕捉市场机遇将无从谈起。因此，企业营销活动必须重视质量。

(8) **风险观念**

营销活动必须以敢于承担风险、善于避开风险、减少风险、分散风险、化风险为机遇为指导思想。

10. 如何提炼完美的创业设想？

如今，大学生中有一大批有理想的学生。他们思想活跃，目光敏锐，富于想象并有一定创造性；他们能根据所学的知识，和所观察到的一些市场动向等提出大胆的设想，这些设想有的具有很强的现实性和可行性。

毕业时，这些学生带着他们各自的设想走向社会，开始了他们的创业生涯；许多年后，他们中的一部分人成功了，有的还做得有声有色，相当不错。

但并不是所有有设想的学生走向社会都能取得成功，创业设想只是整个创业活动的开端。

一个人能否取得事业的成功，需要具备三个方面的条件。

除有一套完整的创业设想外，他要能够对自已的创业设想采取一种得当的达成方式。

同时，这个人要全面具备运作他的整个设想的能力和素质，包括应付各方面情况变化的调整能力。

成百上千的想法，难以记数的灵感，就像沙了一样，要从中淘出金子——创业设想来，必须经过艰苦、严格和不懈的提炼过程。

下面的步骤是必需的。

及时抓住灵感。

我们通常把一些突然出现的、有新意的念头叫做灵感，这些灵感，在适合的情况下可能会转化为创业设想。但是，现代生活如此忙碌，灵感的出现又稍纵即逝，我们怎样才能顺利地抓住灵感呢？

必须随身携带纸笔，记录灵感，并且及时整理。

匆忙之中记录下来的灵感常常是不完全的，甚至有可能隔上一段时间之后连自己都不知道写了些什么，所以，及时地整理记录十分重要。

整理记录最好是在当天晚上（第二天也行），回到家之后，你可以把自己今天的记录拿出来，在专门的笔记本上把它产生的原因、初步想法以及将来可能的用途和发展都写下来。

最好是把它们作一简单的分类，方便以后的查找。经过整理的灵感，往往会显得更加清晰，有利于你将来对它做进一步研究、分析。

严谨的分析。

一个想法，能否成为可行的创业设想，必须对它进行严谨的分析，比如包括以下几点。

这个想法所建议的产品或服务市场上是否已经存在了？

产品或服务的对象是谁？

潜在顾客群的规模如何？

他们的购买力有多大？

消费的偏好是什么样的？

这个想法是否具有可行性？

技术上有无困难？

如有困难，是可突破的还是根本就无法完成的？

它的实现需要哪些条件？

在多长的时间内能够具备这些条件……

如果基本条件目前已经具备，那么它可能就是一个比较现实的创业设想。

最后提炼。

创业者个人可能会有好几个可以成为创业设想的想法，它们从理论上来说都是差不多的，但还存在最后提炼过程。创业设想能否成功要依靠许多外部条件，在若干个创业设想之间要进行最后的挑选，确定哪些是其中最有发展前途和风险相对较小的，也就是说最有可能成功的。

这里需要思考的问题是：创业设想涉及的行业现状如何？发展前景怎样？创业者所处的时间、空间对创业设想的影响是正面的还是负面的？有关专家对创业设想的看法如何？预计创业设想的实施可能会碰到哪些困难，有无解决办法？创业设想是否还有本质上的缺陷，若有，该如何完善？

初步的调查研究、与专业人士的讨论非常有益，因为在实践过程和思想碰撞中，创业团队对创业设想的看法会更加客观，经过旁观者的点醒，创业者会对创业设想进行更深入的反思，最后的提炼，此时的创业设想就成了可以立即投入时间、精力和资金进入实际运作阶段的创业设想。

具体到细节，一个好的创业设想应该具有以下几点。

(1) 现实可行性

也许有人会争辩道，历史上许多异想天开的念头，比如希望人能像鸟一样飞上天，地里的麦子能自动收到仓库里，人隔千里却能如对面一样交流，最终不都变成了现实吗？但是，有两点必须牢记。

一是这些念头虽然在当时不具备技术和其他条件上的可行性，但随着时代的发展，解决了技术问题，变得可以实现了，从根本上说，它不是违反自然规律和社会规律的。

二是这些念头都经历了许多时间，甚至上千年才变为现实，如果当时的人一定要固执地寻求在那个时代解决，最后他一定不是承认失败就是发疯。

对今天的创业者而言，目的是在有生之年，尽早实现自己的梦想，因此，现实可行性就成为创业设想的第一个必要条件。

(2) 新颖性

显而易见，创业自然是包含“创造”的意义在里面，如果一个想法完全是陈谷子烂芝麻的事，市场上早就有了，有谁会去投资、做这种赔本的买卖呢？所以，新技术、新方法可能是创业设想。

但是，新颖的念头也有历史的痕迹，总不是凭空而来的，而是在总结以前的基础上发展创造出来的。

与此同时，“新”是相对于现在的情况来说的，有一些很早以前曾出现过但被淘汰的东西在新形式下又有了用武之地，也就变成了新的事物。

比如沙漏计时早就在时钟的普及之后被历史淘汰了。但是日本一个商人发现人们打电话时不愿意去看表打断思路，结果常常为电话费叫苦，同时人们又偏爱复古的东西，于是他开了一家厂，把古代的沙漏做成小摆设，既可以起到装饰作用，又能够做电话计时器，结果风靡日本。

由此可见，“新颖”并非意味着从未出现过，而是在目前市场上具有新鲜感。

（3）市场价值

一个念头能否成为创业设想，还要看它值不值得投资，值不值得大家花力气去做。如果按照一个想法设计出来的产品或提供的服务根本就没有市场，人们不会花钱去买，有谁会做这种事情呢？完全就是浪费资源，浪费时间。

能成为创业设想的念头，一定是具有市场价值的想法，具有产生利润的可能性，否则，没有人会把它当作事业的基础。

市场价值可能有三种形式。

开发一个从来没有过的、完全的新市场，比如电视、电话、电脑进入人们的生活。

更新一个原有的市场，用新产品代替旧产品。

在原有市场的基础上，通过为服务或产品增加“新卖点”来获得利润。

市场价值的最终决定者是顾客，所以，创业最重要的一点就是时时、事事从顾客的角度考虑问题。

第四章

创业能力——你需要什么样的“金刚钻”?

俗话说，没有金刚钻别揽瓷器活。很多人把创业想象得太容易，遇到困难和挫折容易放弃。如果创业容易，成功还值钱吗？不断的学习，增强自己的能力，这样你一方面可以获得更多的创业资源，一方面可以把自己的事业做得更好。

1. 素质是能力的基础

创业者需要的是综合素质，每一项素质都很重要，不可偏废。缺少哪一项素质，将来都必然影响事业的发展。素质最基本的原意是指，生命有机体天生所具有的生理特性，主要包括神经系统和脑的特性以及感觉器官和运动器官的特性，总之，素质是能力发展的基础。

但是，在更普遍的意义上，素质是指人的思想与行动的潜在要素和势能，素质的外在化就表现为各种认识世界与改造世界的能力。

应该说，对于完成一项较复杂的工作而言，常常要求的是一种综合性的素质，而对于创业而言，更是如此。

创业素质就是创业行动和创业任务所需要的全部主体要素的总和。大致可以分为以下几个主要方面。

(1) 创业的知识和观念

作为创业的基本素质之一的创业知识，大致有三类：

一是，创业成功所需要的专业技术知识；

二是，创业之后持续发展的经营管理知识；

三是，与社会各方面交往所需要的知识。

实践证明，一种有利于创业的知识结构，不仅需要具备必要的专业知识、经营管理知识，而且还必须具备综合性知识，如有关政策、法规等知识以及更广的人文社会科学知识。

前两类知识往往是实用性的，一般容易被创业者注意到，而后一类知识则是一项事业可持续性发展的底蕴，应该得到越来越多的关注。

（2）创业的经验

经验是人们经由实践活动对客观事物的直接了解，是在感性认识过程中形成的，是人与客观事物直接相互作用的结果。正是在直接经验的基础上，人们经过思维活动将感性认识上升到理性认识。

在现实生活中，人们还可以拥有另一种经验，即间接的经验，这是通过别人的经验来认识客观事物的途径。可以说，创业经验是一种非知识体系的东西，但却有助于人们深刻地感悟创业这种实践活动。

通过自己亲身的创业实践获得的属于直接的创业经验，而经由别人的创业实践了解到的则属于间接的创业经验。

（3）创业的技能或行动能力

技能是人们在自己的知识经验基础上，按一定方式进行反复练习而形成的心理与生理系统。根据其性质和特征，可分为心智技能和动作技能两大类。

能力是人们成功地完成某种活动所必需的个性心理特征，它包括实际能力和潜在能力两个部分。实际能力是指已经达到某种熟练程度和已经表现出来的能力；潜在能力是指尚未表现出来的心理能量，而通过学习或训练之后可能发展起来的能力以及可能达到某种熟练程度的能力。

技能与知识、经验、能力之间是相互联系、相互转化的，知识、经验、能力是掌握技能的前提，它们制约着掌握技能形成的速度、深浅度、难易度、灵活性和巩固程度，而技能的形成与发展有助于知识的积累、经验的形成和能力的培养。

（4）创业的谋略

商场如战场，一个有勇无谋的人，早晚会成为别人的盘中餐。

创业是一个斗体力的活动，更是一个斗心力的活动。

创业者的智谋，将在很大程度上决定其创业成败。

尤其是在目前产品日益同质化，市场有限，竞争激烈的情况下，创业者不但要能够守正，更要有能力出奇。

对创业者来说，无所谓大智慧小智慧，能把事情做好，能赚到钱就是好智慧。

谋略或者说智慧，贯穿于创业者的每一个创业行动中。

谋略其实就是一种思维的方式，一种处理问题和解决问题的方法。

对于创业者来说，智慧是不分等级的，它没有好坏、高明不高明的区别，只有好用不好用，适用不适用的问题。创业者智慧，不拘一格，出奇制胜。作为创业者，你的思维是否至今依然因循守旧？

（5）创业的个性或人格特征

个性或人格是一个人具有一定倾向性的心理特征的总和。创业人格是一个人的创业素质中的调节系统。个性结构是多层次、多侧面的，由复杂的心理特征所构成的整体，主要包括潜能、气质、性格、动机、兴趣、理想、信念等。

这些特征是相互联系的，有机地结合在一起，对人的行动进行调节和控制。在创业人格中，这些素质方面是一种综合性的整体，共同地影响着人的实际行动的成效。

（6）自我反省的能力

反省其实是一种学习能力。创业既然是一个不断摸索的过程，创业者就难免在此过程中不断地犯错误。

反省，正是认识错误、改正错误的前提。对创业者来说，反省的过程，就是学习的过程。有没有自我反省的能力，具不具备自我反省的精神，决定了创业者能不能认识到自己所犯的错误，能不能改正所犯的错误，是否能够不断地学到新东西。

成功创业者有一个共通之处，就是都非常善于学习，非常勇于进行自我反省。

作为一个创业者，遭遇挫折，碰上低潮都是常有的事，在这种时候，反省能力和自我反省精神能够很好地帮助你渡过难关。曾子说：“吾日三省吾身”。

对创业者来说，问题不是一日三省吾身、四省吾身，而是应该时时刻刻警醒、反省自己，唯有如此，才能时刻保持清醒。

总之，创业素质是一种包括知识、技能或能力、经验和人格在内的复杂结构，一种综合性的主体因素。

有些素质是天生的，但大多数可以通过后天的努力改善。如果你能够从现在做起，时时惕厉，培养自己的素质，你的创业成功一定指日可待。

2. 大学生创业必须具备的基本能力

大学生创业当今是个热门话题，大学生创业成功者也为我们树立了榜样(如比尔等)，当代大学生有很大部分自为个人已具备了创业的条件，摩拳擦掌、跃跃欲试地学习创业。不过，从当今调查资料显示，大部分创业者以失败告终，有一不争的事实是：中国90%的中小企业寿命不超过5年，平均寿命不超过3年。

如果你正准备进行创业及经营好一个企业，你一定不希望步前人的一些后辙，成为一名优秀的企业管理者，你是否已具备了以下基本能力?

(1) 决策时，具有权衡取舍的魄力和能力

在瞬息万变市场的竞争中，有果断做出决策的能力，这是管理者们智慧与谋略及胆量的结晶。当做出决策时，要求管理者在一个目标与另一个目标之间有所取舍。

“满意决策”是建立在以对现实条件的充分分析的基础上，选择一种风险较小、较为满意目标方案的决策，是现实性与先进性结合的明智之举。

(2) 概念技能

运用这种技能，管理者必须能够将组织看做一个整体，理解各部分之间的关系，想象组织如何适应它所处的广泛的环境。这是一项非常重要的技能。

(3) 运用好“授权”这门管理科学和艺术的能力

在竞争日趋激烈的今天，管理者们不能使自己陷于企业具体项目动作过程中的细节之中，尽可能地超越平常的吵吵闹闹，关注对未来的憧憬和远大的计划，通过授权有效地带领团队奔向目标。

(4) 通过理财的分析，比较项目的优劣的能力

很多创业者或企业管理者没有能过理财分析进行经营决策，因项目盲目上马，导致企业资金周转的困难，经营运作陷入困境甚至于破产。

(5) 运用财务杠杆和确定支点的能力

初创企业之时（制造业企业为主要），创始人通常会遇到这样两类问题，第一，需要多少资金投入以及形成多大的产量和销量，才可以使企业盈利；第二，在既定的资金需求金额下，自己出多少钱，再借入多少钱，能够使企业的经济价值最大。解决这两个问题的过程，就是企业管理者怎样确定企业杠杆支点的决策过程，支点确定得好，杠杆效益就越大。财务管理利用杠杆的目标是：在控制企业总风险的基础上，以较低的代价获得较高的收益。

(6) 阅读和分析财务报表的技术和能力

是企业管理者们的一项基本功力，企业陷入财务大困境，非一日之事；财务衰败是个渐变的过程，可长可短，但所有迹象，无不清晰地呈现在财务报表上。

创业者如能通过阅读和分析财务报表，得出企业管理运作方面的明显缺陷，甚至发现潜在的隐患，及时做出判断和决策，实行相应的措施，将有效地防患于未然。

(7) 商务谈判的能力

管理者的世界是张谈判桌，谈判行为是一项很复杂的人类交际行为，它伴随着谈判者的言语互动、行为互动和心理互动等多方面、多维度的错综交往。

通过商务谈判所获得的效益，都是企业的纯利润，谈判是企业经营管理中重要的一个利润区。

(8) 剖析自己和企业，超越自我的勇气和能力

把自己和企业适时地交给专业的咨询管理公司，通过专业一层层地剖析自己和企业，找出不足，并积极地解决问题，这需要相当的勇气，这也是一种自我挑战。

(9) 遵守职业道德

就如保护自己的生命一样重要，管理者必须具备这个能力。永远不要踏进道德这个“雷池”。

“道德与责任，永恒的困境”。人在任何时候，都不要透支自己的道德；企业为了获取自己的最大利益或超额利润，有些不惜逃避或违犯各种制度和规范。

在全球一体化的经济背景之下，企业社会责任已经成为不可逆转的国际化潮流，企业社会责任不仅仅是评价企业道德高低的标准，同时也是企业进入国际市场的门槛。

(10) 将企业建设成学习型组织的能力

“未来最成功的企业将是一种学习型组织——能够使各阶层所有成员全身投入，并持续不断地学习……企业未来唯一持久的竞争优势，就是具备比竞争对手更快学习的能力；通过不断的学习，使企业的资源融会贯通，吐故纳新，始终以崭新的形象，生机勃勃地面对多变的外界环境。”

(11) 具有良好的社会交往能力

良好的人际关系，不仅能给人生带来快乐，而且能助人走向成功，社交能力是人类生存的重要能力。人以类聚，物以群分。现社会上成功的企业家多数是50后、60后的人，他们已过了创业、企业经营的原始阶段，有学历、有经验、有资源，要融入他们的圈子，就要具备他们的能力，广交朋友，舍得对自己投资，包括从内至外的，言谈举止、内涵方面的改变等。

(12)“好心态，成就大事业！”

这是企业管理者必备的能力和素养。企业管理者是企业的心理核心，天下大任为己任，企业家们的责任任重而道远，稳定、良好的心态，这是个人平时修炼的结果。

现今相当一总分有志青年、刚毕业的大学生希望自主创业，并积极参加社会上的各类培训，将自己的目标一天写 10 遍，贴在墙上时时鼓励自己等，这些心理激励固然重要，但在社会这个大舞台上比拼的是能力、是技巧，而并非仅仅是热情。总之，欲创业者，应慎而又慎。

“磨刀不误砍柴工”，如还没准备好，请再加油，并将自己有限的时间安排好，基础能力提升上来，建立个人的核心竞争力，只梦想和空想是达不成目标的，不具备能力就去创业，社会上就会又多一个失败者。

3. 想创业，需要管理什么?

长期以来，“创业”都被学者和作者们用下列的术语进行定义：新颖的、创新的、灵活的、有活力的、有创造性的以及能承担风险的。

一些学者说，创业包括创造价值、创建并经营一家新的营利型企业的过程，通过个人或一个群体投资组建公司，来提供新产品或服务以及有意识地创造价值的过程。

另一个关于创业的定义是：“创造不同的价值的一种过程，这种价值的创造需要投入必要的时间和付出一定的努力，承担相应的金融、心理和社会风险，并能在金钱上和个人成就感方面得到回报。”

《论语·子贡问政》，子贡问：治理国家需要哪些条件？孔子答：足兵、足粮、民信之矣。创业也需具备一定的条件：项目、资金、人才、社会关系、管理者的个人魅力和所具备的经营管理能力和技术水平等，具体地说就是《孙子兵法》中所提到的“道、天、地、将、法”是五大基本要素和“主将、天地、兵卒、法令、赏罚”几个方面。

创业是创办自己的一个组织（如：企业、机构等)，自己必先是一个领导者，一个管理者。领导者有五级，没有人能一步登上五级之巅的；创业是一漫长过程，一个优秀的管理者要懂得如何进行企业管理，自己首先是一内行。

在创业的过程中，你需要具备管理能力呢?

(1) 目标管理的能力

对自己人生的定位很明确，最终目标是什么，目标进行分段和细化，并能制订出实施的计划，如：20 岁、30 岁、40 岁……80 岁、90 岁、100 岁；规划、经营、管理、实现自己的人生目标，让自己对社会的贡献最大化，是我们追求的最有意义目标。

目标管理是一项基本的管理技能。它通过划分组织目标与个人目标的方法，将许多关键的管理活动结合起来，实现全面、有效的管理方法和过程。

目标管理是强调系统和整体管理，强调自主自控的管理，是面向未来的管理，是重绩效、重成果的管理。

（2）计划管理的能力

当人们要满足某种期望时，往往不计算将要付出的成本，常常凭心里感觉，有了大方案却没有小计划，干到哪里算哪里，因而付出了大的成本冲减了效益。管理者做出一切决策时，一定要先计划、后实施，因为世界在变，环境在变，人们的观念也在变，科学地运用计划管理，企业才可立足及长远发展。

（3）建立和改进企业的管理制度的能力

企业制度不在于多而在于精，精致到进入每个员工的心里，制度不仅是制约一般员工行为的，更不能被一些特权者们所利用。

所以，企业是用制度来管理人的行为；同时，“信誉是金，承诺是负债”，企业制度中对员工的承诺一定兑现，制度适用于企业中的每一个人，员工们快乐地工作，有效率的制度是企业发展的关键。

（4）管理信息的能力

信息管理是企业管理活动的一项重要内容，信息只有及时准确地送到需要者的手中才能发挥作用，企业的管理系统越大，结构就越是复杂，对信息的渴求就越加强烈。

任何一个组织要形成统一的意志，统一的步调，各要素之间必须能够准确快速地相互传递信息。管理者们对企业的有效控制和管理，都必须依靠来自组织内外的各种信息。

信息，如同人才、原料和能源一样，视为企业生存发展的重要资源，是企业管理活动赖以展开的前提，一切管理活动都离不开信息，一切有效的管理都离不开信息的管理。

(5) 项目管理的能力

项目管理是帮助企业处理需要跨领域解决的复杂问题，并实现更高的运营效率。企业经营运作之中，经常需要将大项目进行切割，通过项目管理，可大大地提高效率。

(6) 危机管理的能力

当企业面对与社会大众或顾客有关的重大事故，在处理这些重大事故时所采取的态度和决策，企业在面对危机时所采取的不同的态度和方法，对塑造良好的企业形象将会产生“差之毫厘，谬以千里”的效果。

企业经营运作中的一个小小的意外或者事故就会迅速被扩大到全国、甚至更大的范围内，产生掩耳不及迅雷的恶化后果。

(7) 健康，更需要管理

随着工作节奏的加快，生活方式的多元化，竞争日趋激烈，人们的心理承受能力日渐加重的缘故，健康状况呈下滑趋势，对自己健康状况的重新认识，把危险消除在萌芽状态，如何维护健康做一个正确的规划和引导，以达到保健、养生、延年益寿的效果，企业家个人对社会的价值是不同的，做好自身的健康管理，是对社会的一种贡献。

4. 主动出击，寻找客户

在创业初期，在事业规模相对较小的情况下，往往刚刚创业的大学生要充当各种角色，既是老板，也是业务员。创业初期的客户寻找是比较困难的，也是非常有挑战性的。一个刚出大门口的大学生到哪去寻找自己的客户呢?下面为你介绍几种寻找客户源的方法。

（1）普遍寻找法

这种方法也称逐户寻找法或者地毯式寻找法。其方法的要点是针对特定的群体，用上门、邮件或者电话、电子邮件等方式对该范围内的组织、家庭或者个人无遗漏地进行寻找与确认的方法。比如，将某市某个居民新村的所有家庭作为普遍寻找对象，将上海地区所有的宾馆、饭店作为地毯式寻找对象等。

普遍寻找法有以下的优势：

地毯式的铺开不会遗漏任何有价值的客户；

寻找过程中接触面广、信息量大、各种意见和需求、客户反应都可能收集到，是分析市场的一种方法；

让更多的人了解到自己的企业。

当然其缺点也是很明显的：

成本高、费时费力；

容易导致客户的抵触情绪。

因此，如果活动可能会对客户的工作、生活造成不良的干扰，一定要谨慎进行。

普遍寻找法可以采用亲自上门、邮件发送、电话、与其他促销活动结合进行的方式展开。

(2) 广告寻找法

这种方法的基本步骤是：

向目标顾客群发送广告；

吸引顾客上门展开业务活动或者接受反馈。

例如，通过媒体发送某个减肥器具的广告，介绍其功能、购买方式、地点、代理和经销办法等，然后在目标区域展开活动。

广告寻找法的优点是：

传播信息速度快、覆盖面广、重复性好；

相对普遍寻找法更加省时省力；

其缺点是需要支付广告费用、针对性和及时反馈性不强。

(3) 介绍寻找法

这种方法是通过他人的直接介绍或者提供的信息进行顾客寻找，可以通过熟人、朋友等社会关系，也可以通过企业的合作伙伴、客户等由他们进行介绍，主要方式有电话介绍、口头介绍、信函介绍、名片介绍、口碑效应等。

利用这个方法的关键是必须注意培养和积累各种关系，为现有客户提供的满意的服务和可能的帮助，并且要虚心地请求他人的帮助。口碑好、业务印象好、乐于助人、与客户关系好、被人信任的业务员一般都能取得有效的突破。

介绍寻找客户法由于有他人的介绍或者成功案例和依据，成功的可能性非常大，同时也可以降低销售费用，减小成交障碍，因此业务员要重视和珍惜。

(4) 资料查阅寻找法

创业者要有强的信息处理能力，通过资料查阅寻找客户既能保证一定的可靠性，也减小工作量、提高工作效率，同时也可以最大限度减少业务工作的盲目性和客户的抵触情绪，更重要的是，可以展开先期的客户研究，了解客户的特点、状况，提出适当的客户活动针对性策略等。

需要注意的是资料的时效性和可靠性，此外，注意对资料（行业的或者客户的）日积月累往往更能有效地展开工作。

经常利用的资料有：有关政府部门提供的资料、有关行业和协会的资料、国家和地区的统计资料、企业黄页、工商企业目录和产品目录、电视、报纸、杂志、互联网等大众媒体、客户发布的消息、产品介绍、企业内刊等等。

在出发和客户接触之前，要通过大量的资料研究对客户做出非常充分的了解和判断。

（5）委托助手寻找法

这种方法在国外用得比较多，一般是在自己的业务地区或者客户群中，通过有偿的方式委托特定的人为自己收集信息，了解有关客户和市场、地区的情报资料等等，这有点像香港警察使用“线民”，在国内的企业，就是业务员在企业的中间商中间，委托相关人员定期或者不定期提供一些关于产品、销售的信息。

（6）客户资料整理法

这种方法本质上属于“资料查阅寻找法”，但是，也有其特殊性，我们强调客户资料管理，因为其重要性十分突出，现有的客户、与企业联系过的单位、企业举办活动（如公关、市场调查）的参与者等等，他们的信息资料都应该得到良好的处理和保存，这些资料积累到一定的程度，就是一笔财富，在市场营销精耕细作的今天，这尤为重要，如果真正观念到位、措施到位，其实很简单。

（7）交易会寻找法

国际国内每年都有不少交易会，如广交会、高交会、中小企业博览会等等，这是一个绝好的商机，要充分利用，交易会不仅实现交易，更重要的是寻找客户、联络感情、沟通了解。

某企业的老总，参加了广交会回来，向全体员工宣布一个惊人的好消息：“我有足够的信心向大家保证：今年我们的销售收入可以增加2个亿！”

其成效明显主要原因之一是因为其产品的特殊性，但是更重要的是企业已经全面学会和掌握了这个有效的途径。

(8) 咨询寻找法

一些组织，特别是行业组织、技术服务组织、咨询单位等，他们手中往往集中了大量的客户资料和资源以及相关行业和市场信息，通过咨询的方式寻找客户不仅是一个有效的途径，有时还能够获得这些组织的服务、帮助和支持，比如在客户联系、介绍、市场进入方案建议等方面。

(9) 企业各类活动寻找法

通过公共关系活动、市场调研活动、促销活动、技术支持和售后服务活动等，一般都会直接接触客户，这个过程中对客户的观察、了解、深入的沟通都非常有力，也是一个寻找客户的好方法。

有效地寻找客户方法远远不止这些，应该说，是一个随时随地的过程。一般信息处理过程是：“所有目标对象—接触和信息处理—初选—精选—重点潜在客户—客户活动计划”。

5. 你的素质决定创业的成败

企业的成败取决于业主的素质和行为。在一个人决定进行创业之前，必须要评价一下自己，看看自己有没有当业主应有的性格特点、技能水平的物质条件。

成功的创业者之所以成功不是因为他们“走运”，而是因为他们工作努力并且有管理企业经营活动的素质和能力。

纵观创业史上的创造奇迹伟业之人，无一不具有鲜明的个性。其中最重要的是有独立性、好胜性、求异性、进攻性和坚韧性等五个方面。

（1）独立性

著名的思想家马斯洛认为“有创造性的人是属于自我实现的人。”一个能够实现自我的人就具有极强的独立性，他敢于展现自我，实现自己的想法。

与具有独立性相对的是具有依附性的人，这些人没有主宰自己命运的勇气，缺乏自控能力，一切都有依靠别人去做决策，由别人决定自己的命运。

从本质上而言，人一生下来就具有独立性和依赖性的双重个性。

一方面，刚出生的婴儿又极其脆弱，极端依赖他人——即自己的父母来呵护、喂养。每个人身上都有着独立性和依赖性。重要的是创业者能否认识到这一点，即使自己有一定的依赖性，但也有着强大的独立性。

创业成功的人都是那些善于摆脱依赖性，努力实现自己独立性的人。别人的言行都源自特定的环境、场合，因而对自己不一定适用，创业者要思考判断一下其中的真伪或者是否真的适合自己。

凡是不适合自己的言语，不论是谁说的，也不管其理论是否行得通，在创业者这里都是没有用的。创业者要有自己的头脑。

(2) 好胜性

好胜性是指一个对自己非常有信心，而且与别人竞争并追求成功的个性。人的天性中有一部分是渴望得到别人的承认与尊重。

好胜可以看做是独立性的持续，有胆识、有魄力的喜欢用自己的头脑去思考，而且勇于去证明自己是最成功的人。这就是强烈的好强好胜的心理。但争强好胜并不意味着欺负弱者，而是在证明自己的独立性。

创业者在强烈地追求成功、追求胜利的欲望驱动下，可以不分昼夜的辛勤工作。当然，创业者在此时也一定要注意做到好胜不要逞强。

真正的成功者追求胜利，但并不到处招摇，用自己的成功去攻击别人、嘲笑别人。特别需要注意的是创业者一定要有宽大的胸怀，要欣赏与自己具有相同好胜心的人才。

不能因为自己求强好胜，就极力与那些具有同样好胜心的人争斗，或者有意压制为自己工作的人才，唯恐他们过于强大使自己没有面子。

创业者不仅要鼓励自己追求成功与胜利，更要激励自己的员工去追求成功、胜利，为他们创造展现才能、赢得荣誉的舞台。只有自己的员工都积极追求成功，创业者的事业才能兴旺发达。

(3) 求异性

创业者具有极强的求异追求，是其积极进取、蓬勃向上、富有生命力的源泉。创业者在创业之初，一切都处于全新状态，创业者会花费大量心力试图创建一种公司经营运作的模式，这对于公司的健康成长是非常有必要的。

在求稳的同时，创业者千万不要忘了求异。有的创业者把江山的成功经验奉为至宝，在公司内确定为制度，任何人都不能违背，也不能对之提出质疑。这些创业者最终会发现公司的失败根源就是过去那些所谓的成功经验。

世上万物都在变化，尤其在商界，事物变化得越来越快。商业经营的是人们的品味，创造的是人们的生活方式，并为人类的自下而上提供不同的选择方案。但是人们的个性是喜新厌旧的，人们不会因为一个产品质量好就长期使用，人们会因为新产品的出现而放弃旧的产品。

创业者在创业伊始要紧紧把握人们喜新厌旧的心理，在消除人们疑惑的同时大力宣传产品的时代感，使之能迅速满足人们求新的感觉。

（4）进攻性

有人形象地将商场比为战场，商业就是商战。战场是很残酷的，短兵相接时，只有那些具有进攻性，勇往直前的人才能胜利，才能成功。

对于创业者而言，自己所从事的是任何人都没有干过的事业，其他人的建议或经验只是参考，创业者不要迷信书本，也不要迷惑一些所谓的权威，要勇于在创业过程中主动出击，发挥主观能动性。

因为只有发挥进攻性，才能激发人的潜力，才能发现并抓住稍纵即逝的良机，从而踏上成功之路。

创业者在创业时，要面对许多强大的竞争对手，一定不要被对方貌似强大的实力所吓倒，而是要直面相对，寻找良机。在商业竞争中，各方都有自己的优缺点，企业都要善于发挥自身的优势，进攻对手的弱点。

另外，创业者需要注意的是，除非在特殊情况下，千万别在人际关系中过分显示进攻性。创业者在待人接物方面，要避免咄咄逼人的气势，即使是在与对手谈判，也要保持清醒的头脑，不要一味地与人争斗，把进攻性引入人际关系会使创业者招致许多不必要的麻烦，这是创业者应该坚决杜绝的。

（5）坚韧性

创业的道路上既有成功，也有失败，无论是面对成功还是失败，创业者要充分发挥坚忍不拔的品性，凭顽强的毅力去承受失败的打击。

更为重要的是在重大打击之后，决不丧失前进的信心和勇气，并能在认真总结经验教训的基础上再一次奋勇而起。

要知道，每个人都不是十全十美的，每件事都不是一蹴而就的，特别是在公司的初创阶段，创业者对每件事都没有亲自经历过，不要因为自己做错了事，就否认自己的能力，也不要因为别人的嘲笑而放弃自己的想法，而是要在自己失败的经历中仔细分析、总结经验教训，找到成功的方法。

6. 商业嗅觉也是一种能力

有些人的商业感觉是天生的，如胡雪岩，更多人的商业感觉则依靠后天培养。如果你有心做一个商人，你就应该像训练猎犬一样训练自己的商业感觉。良好的商业感觉，是创业者成功的最好保证。

市场需求到底是什么东西？如果要给它个定义，应当这么描述：市场需求就是你弄一个东西出来，有一部分人愿意买，买得起就够了。创业阶段有些东西不要太严谨了，太严谨了往往会错失很多好机会。

那么我们如何发现适合自己创业的市场需求呢？靠敏感，没错。马云就是这么做的。

1995 年，“杭州英语最棒”的马云受浙江省交通厅委托到美国催讨一笔债务。

结果是钱没要到一分，倒发现了一个“宝库”——在西雅图，对计算机一窍不通的马云第一次上了互联网。刚刚学会上网，他竟然就想到了为他的翻译社做网上广告，上午 10 点他把广告发送上网，中午 12 点 前他就收到了 6 个 e-mail，分别来自美国，德国和日本，说这是他们看到的有关中国的第一个网页。“这里有大大的生意可做！”马云当时就意识到互联网是一座金矿。

噩梦般的讨债之旅结束了，马云灰溜溜地回到了杭州，身上只剩下 1 美元和一个疯狂的念头。成为“阿里巴巴”马云的想法是，把中国企业的资料集中起来，快递到美国，由设计者做好网页向全世界发布，利润则来自向企业收取的费用。

你肯定也有第一次接触互联网的经历，你当时是怎么考虑的？新鲜、时尚、好玩、有意思、长知识、长见识……为什么会如此？我们没有时刻敏感地关注市场需求，我们在市场需求面前错过了一次绝佳的机会。所以，我们没能成为马云。

创业者的敏感，是对外界变化的敏感，尤其是对商业机会的快速反应。

潘石屹现在是商场的红人，潘石屹成为红人有他成为红人的理由。有谁能够从别人的一句话里听出8亿元的商机，而且是隔着桌子的一句话，是几个不相干之人的一句话。

1992年，潘石屹还在海南万通集团任财务部经理。万通集团由冯仑、王功权等人于1991年在海南创立。

冯仑、王功权都曾在南德集团做过事，当年都是“中国首富”牟其中的手下谋士。万通成立的头两年，通过在海南炒楼赚了不少钱。1992年，随着海南楼市泡沫的破灭，冯仑等人决定将万通移师北京，派潘石屹打前锋。

潘石屹奉冯仑的将令，带着5万元差旅费来到了北京。这天，他在怀柔县政府食堂吃饭，听旁边吃饭的人说北京市给了怀柔四个定向募集资金的股份制公司指标，但没人愿意做。在深圳待过的潘石屹知道指标就是钱，他不动声色地跟怀柔县体改办主任边吃边聊：“我们来做一个行不行?”体改办主任说：“好哇，可是现在来不及了，要准备6份材料，下星期就报上去。”

潘石屹立即将这个信息告诉了冯仑，冯仑马上让他找北京市体改委的一位负责人。

这位领导说：“这是件好事，你们愿意做就是积极支持改革，可以给你们宽限几天。做定向募集资金的股份制公司，按要求需要找两个中字头的发起单位。”

通过各种关系，潘石屹最后找到中国工程学会联合会和中国煤炭科学研究院作为发起单位。万事俱备，潘石屹用刚刚买的4万元一部的手机打电话问冯仑：“准备做多大?”

冯仑说：“要和王功权商量一下。”

王功权说：“咱们现在做事情，肯定要上亿。”

潘石屹在电话那边催促冯仑快做决定：“这边还等着上报材料呢。”

冯仑就在电话那头告诉潘石屹："8 最吉利，就注册 8 个亿吧。"

北京万通就这样，在什么都没做的情况下，拿到了 8 个亿的现金融资。

这就是潘石屹那个"一言 8 亿"的传奇故事。后来万通在海南做赔了本，多亏了潘石屹这一耳朵"听"来的 8 个亿，才有了万通的今天。

潘石屹能赚到这笔钱不是出自偶然，而是源于他的商业敏感。

不是谁都可以成为马云和潘石屹，只要我们现在认识到对市场需求保持时刻敏感的重要性，就有机会大获成功。下面我们就来学习一下如何保持对市场需求的敏感。

首先，你要时刻处于捕捉需求的"状态"。

每天我们都要为了生活奔波，很辛苦，很疲惫，很努力，但是我们没有找到创业的路径，或者没有创业成功，为什么？因为我们没有做到时刻处于捕捉市场需求的状态。捕捉需求的状态就如同作战用兵，要时刻处于作战状态。当代市场学专家罗国民教授认为：在中国做生意，必须具备三基本资源：信息、资本、人际关系。罗教授将信息放第一位，可见它的确是一种极为重要的市场资源。

有了信息之后，你还要对这些在身边发生的市场环境、媒介资源等许多动态甚至于相对静态的事物做出自己敏锐的判断。只有敏感，你才能拥有对市场敏锐的目光和灵敏的嗅觉，你才会对掌握的信息进行判断、分析，才能辨别真伪，才能保证自己拥有敏捷的反应和明智的选择。

其次，你要时刻保持"走到"市场里去。

有人说我没有那么多机会走入市场里啊？从"马云偶然结识互联网"的案例看，马云是被政府派去美国催债的，这是工作，而且是临危受命，没有太多机会接触市场。但是他通过一次"娱乐性"的上网，想到了自己的工作，得到了意想不到的收获。

走到市场的机会时刻都在，关键看你如何把你的活动与市场联系起来。马云娱乐走到市场不就是一个很好的证明吗？我们每时每刻都处在市场里，只要勤于、善于把所有活动联系到市场，发现不了需求你找马云。

最后，你要时刻相信自己有“能力”把握需求。

试着回忆你第一次上互联网的经历，你想马云第一次上互联网的时候，他是非常娴熟还是几乎一窍不通？肯定是后者吧。那么他为什么有能力发现这个市场需求呢？

这里有大大的生意可做！不是自己的能力范围之内的，不一定不是商机。这里的能力指的是自信和勇气。

对于创业来说，和马云、潘石屹相比，我们缺少什么？自己对市场需求的敏感。既然知道了自己的不足，就必须马上弥补这些不足。时刻处于捕捉需求的状态、时刻保持走到市场里去、时刻相信自己有能力把握需求，对市场需求的敏感就能马上建立起来，因为这只是一种意识，我们只要认识到，就能做到做好。

7. 创业，人脉同样需要经营

一项题为《你在创业中遇到的最大问题是什么?》的网络调查结果显示，“人脉关系”一项仅次于“资金”，名列第二位。人脉资源对于创业而言，其意义可见一斑。

在初创时期，企业没有知名度和影响力，如果没有一定的社会人际关系资源，要开辟企业产品市场，那是十分困难的，尤其是在我国这个从古至今都很重视人情关系的国度里。固然，人脉资源在创业中的作用，不仅限于企业市场开拓方面。只要具备一定资本（不仅是资金，还有技术优势、实战经验、独特思维、为人处世、所处平台及管理、策划、执行、组织等能力），就能扩大自身的人际关系网络，积累人脉资源。

人脉即人际关系、人际网络，体现人的人缘、社会关系。根据辞典里的说法，人脉的解释为“经由人际关系而形成的人际脉络”，经常用于政治或商业的领域，但其实不论做什么行业，人人都会使用人脉。

斯坦福研究中心曾经发表一份调查报告，结论指出：一个人赚的钱，12.5%来自知识，87.5%来自关系。这个数据是否令你震惊?

在好莱坞，流行一句话：“一个人能否成功，不在于你知道什么（what you know），而是在于你认识谁（whom you know）。”卡耐基训练区负责人黑幼龙指出，这句话并不是叫人不要培养专业知识，而是强调：“人脉是一个人通往财富、成功的门票。”

因此，也出现了一些善于使用人脉、经营人脉的群体（mankeep）。man keep 译为“人脉经营”，我们称之为“脉客”。

在我国台湾证券投资界，杨耀宇就是个将人脉竞争力发挥到极致的脉客。

他曾是统一投资顾问的副总，一年前退出职场，为朋友担任财务顾问，并担任五家电子公司的董事。根据推算，他的身价应该有近亿元（台币）之高。为什么凭他一名从台湾南部北上打拼的乡下小孩，能够快速积累财富？“有时候，一通电话抵得上十份研究报告。”杨耀宇说，“我的人脉网络遍及各个领域，上千、上万条，数也数不清。”

美国大亨洛克菲勒在其全盛时期曾感慨地说：“与人相处的能力，如果能像糖和咖啡一样可以买得到的话，我会为这种能力多付一些钱。”

而美国人更有名言说：二十岁靠体力赚钱，那三十岁靠脑力赚钱，四十岁以后则靠交情赚钱。

两者讲的都是一个意思：朋友多则赚钱的机会多。而朋友关系如何培养呢？“完整的人际关系包含三阶段，发掘人脉、经营交情、出现贵人。”

现代社会，建立人脉远远不是过去所谓的“拉关系”那么粗俗简单，它包含很多层面的深化，需要用心经营。

为了寻找人脉需要主动出击，找到想认识的人就想尽办法去结识，结识后当自己的好朋友慷慨对待。

有人也许说：经常吃饭喝酒的那是酒肉朋友，不见得真心。但发展人脉的出发点就是先“跑量”再从中精选可重点发展的对象，而走好第一步，慷慨对人，让人感受你的大气是必须的。

“他人有心，予忖度之。”这是《孟子·齐桓晋文之事》里的名言，它其实也道破了让朋友欣赏你的不二法门。

“人类本质中最殷切的需求是渴望被肯定。”

学会“放低姿态放软身段”，学会仔细倾听别人的话，更学习“忖度他人之心”，理解朋友这样说的原因和立场，尽量体谅他们，这样既能学习他们的优点，也能让朋友感到自己被尊重和理解。

要增广人脉，不仅要物质上的努力，更多的是注重将心换心。

也许你没有富爸爸，没有可减少奋斗二十年的终身伴侣，但懂得人情学，一样可以得贵人襄助、获得多方助力。

但是千万不要怀着一份过于势利的短浅眼光经营人脉，别人现在富贵，出金入银，就一副小人嘴脸伺候着，别人现在是个潦倒的小人物就忽视、轻视、鄙视之。

“对事情看得透，眼光够远，从不会轻忽小人物”。

我国台北“身心灵成长协会”的创办人赖淑惠开房产中介时有着“结交小人物”的经典案例。当时赖淑惠住在一个大厦里，同时兼营这个楼的房产中介，经她一番细心观察后，发现凡是对大厦有兴趣的买家，第一个总是先询问大门管理员，“最近有没有住户要卖房子啊？价钱多少呢？”

有趣的是，每次管理员的回答几乎是：“你去问住在八楼的赖小姐，她很喜欢买卖房子，这样就不必再去找其他中介商了。”此外，该楼谁要钱急用要卖房子的消息也总是第一个传到她的耳朵里。也因此，赖淑惠在首都大厦一个物业上整整赚进 1000 多万元。

为什么管理员愿意帮赖淑惠的忙？说穿了是她将任何人都当成家人般关心，赖淑惠每天出入大门，必会向当日值班的管理员打招呼，出差返回也会顺道带些当地名产略表心意。

怎样才能让朋友能在你生病的时候流泪呢？最简单的办法是在他们平时健康平安的时候和他们交好，在他们落难困苦的时候更热心地帮助他们。危急时刻建立的人脉不仅有用，而且能换得很好的口碑，在以后交别的朋友时也用得上。

讲求人脉，不是要你去奉行是人就交朋友的“小人之交”，而是要选择有原则的“君子之交”。

一个不会为了利益而出卖原则损害他人的人会让朋友放心。

如果说，以上讲的都是“人情宝典”中的意识篇，那么这最后一招就是讲它的纯技术篇。

台湾有位著名的“名片管理大师”叫杨舜仁，他号称有 16000 多张不同人的名片，而经过他自己建立的一套名片管理系统，可以在几秒内找出任何一个想要的人的资料。

让他想到开发这个系统的契机是自己 2001 年从原来公司辞职时，群发了 3000 多封电子邮件，告知众亲友辞职的原因，同时感谢大家多年照顾，没想到陆续收到 300 多封回信，其中包括 16 个全职和兼职的工作机会。

“这是我人生的一个转折点。”杨舜仁说，“如果当时是一通通拨电话，可能打不到十通就停了。”于是他开始进行名片管理的研究，有系统地将名片输入计算机中，同时从推荐的十六个工作机会里，选择一份赴中小企业讲演网际网络应用的兼职工作。

他非常之重视人脉的“保鲜”功夫，经常写封“嗨！我是舜仁，好久不见啦，最近过得好不好？”之类的短信，发给数百位朋友。

人都是讲感情的，因此，组建人脉，打造自己的人际关系网，当然以付出感情为先手。如果你还在抱怨自己的人脉疏离，那你就应该首先反思一下自己对待别人的态度，如果你能够保持真诚待人的态度，又怎么能不打动别人的真心呢？

凡是成功的企业，都要经历“资金积累—品牌积淀—长青基业”的过程。对于初步创业者来说，第一阶段的首要任务就是开拓产品市场，实现企业盈利，完成资金积累。有了市场，企业才能创收。

8. 创业初期要培养财务预测能力

财务预测看得出一个初创公司的命运。但是，初创公司还没有收入，甚至还没有产品，如何来做“财务预测”呢？要做好初创公司的财务预测，我们必须看看公司的美好未都是由什么组成的。

公司里最重要的财务预测是它的“现金流”，你必须清楚自己公司现金流里的每一个数字，千万别想等将来公司做大了，再找个 CFO 来对付财务预测，忽视现金流重要性的公司也许根本就活不到那一天！

预测初创公司的现金流是一份细软活儿，需要初创业的大学生们静下心来仔细做功课。以下三方面的细节，将决定初创公司的财务预测（现金流预测）是否合理、真实、可信。

(1) 收入的基本假设

预测收入的逻辑很简单，需要有：产品/服务的定价；客户人数。把这二者放在时间的框架中看它们如何增长，这便是“收入的预测”。

①产品定价

无论你公司做的是产品还是服务，都得有基本的定价。

假设你生产的是 MP3 播放器，第一步：将零配件加上你希望的利润便得出可能的定价；

第二步：和市场上的同类产品比较一番，比 iPod 便宜一些，比山寨机昂贵一些，最后定价不就出来了？如果算出来发现这个价格比你的生产成本还低，那你的生意没法做，这里面肯定存在着严重问题。

②客户人数

对于初创公司来说，什么时候进来第一个客户，客户人数到底有多少，这些都是令人头痛和迷茫的问题。计算客户人数，万万不可使用“市场占有率”之类的百分比，因为初创公司都是小公司，小本经营，得精打细算。

仍以一家 MP3 播放器公司为例：如果用分销方法去销售，就不妨向分销商打听，成熟的分销商可以不花吹灰之力告诉你，他每月大概可以卖出多少个你的 MP3 播放器；如果采用直销，那你必须考虑广告的投放。

③时间框架

有了产品定价和客户人数的假设之后，再把它们放进一个时间框架里去，一般来说，投资人会要求你必须做 3 ~5 年的预测。

创业公司的财务预测最忌讳按“年”来计算，必须要用“月”来计算。

一旦把数字化整为零按月来计算，无论收入还是支出的预测，数字都会立刻让你对财务预测比较有感觉和把握。

比如你需要 3 个月时间设计开发产品，外加 3 个月时间测试、改进、量产，然后正式投入市场，所以，公司收入进来最早也要在第 7 个月——不一定，也许分销商还有 90 天的账期，这样的话，收到钱可能要到第 10 个月；接下来是第 11 个月，收入应该有所增长，再下个月，继续增长。

按月来做预测，相对会精准很多，因为 30 天以内能做多少事情，还是可以比较容易测算出来的，而如果按年来算，往往只能信口开河地瞎报数字。按月做出来的财务预测不仅可以拿出来和投资人讨论细节，令其信服，更重要的是，还可以用它来对照和指导你每个月的日常运营。

（2）成本

计算成本相对比较容易，这里简单地提一下。

①固定成本

人员工资、房租、保险、职工福利费、办公费等。

②可变成本

原材料、包装、运输、直接人工成本等。

③销售成本

广告、销售、客户服务的成本。

设备投入装修、办公家具、电脑、服务器、生产设备等。和收入一样，成本也是在时间框架里一点点发生的。如果你将成本细化到每个月，你马上会发现很多成本并不是在公司开张那天一次性付出的。

比如你预计需要30台服务器，但是它们并不需要在第一天就全部到位，而是随你网站的流量增加而一台台增加，说不定你要到第二年、第三年的时候才会达到30台服务器，而那时候你公司的收入也许早就进来了！

(3) 分析和调整

留心找到“收支平衡点”，把收支平衡点之前的所有费用加在一起，就得出了你需要为初创公司准备的资金数目——如果有投资人问你需要多少钱，就给他这个数字吧，你再也不必支支吾吾模棱两可。

检查主要数据之间的关系和比率，确保能从财务预测的数据中看到这家初创公司的业务是健康和合理的，必要时，还需要调整、平衡收入和成本之间的关键比率，当然，调整的原则依然是回到你每月的原始数据里去分析它们的准确性与合理性。

——毛利率。随着时间的延伸和业务扩展，初创公司的毛利率可能会从10%增加到60%，甚至更高，这就是公司的生命力所在。

——营业利润率。公司里的管理成本是相对固定的，随着收入的增长，它占总成本里的比例越来越小，营业利润率便会大大提高。

——增长率和规模。有了财务预测表，初创公司的年增长率也一目了然，你可以看看什么时候能达到创业板IPO的标准，看看你的公司是否对投资人、股民具有吸引力。

初创公司的财务预测不是一成不变的，每个月都应该进行仔细的对照和监控，并根据运营情况进行相应调整，使之更符合现实、更加优化。如果实际情况和预测总是相差甚远，要及时找出原因，使情况迅速好转，否则应该当机立断停下来，重新考虑公司未来的策略。

建议你做两份预测，一份就是以上所说的“保守”预测，这样你能对公司的底线胸有成竹；另一份预测是“乐观”的，看看在理想的情况下，你是否能做得更好更快，“乐观”预测会给你带来无限的工作动力！

初创公司财务预测的关键，是对公司未来收入做比较现实的假设。你再也不会浑浑噩噩地做一天和尚撞一天钟，财务预测像是给了你一双火眼金睛，使你看清每一天的任务细节、自己必须踏出的每一个脚印。

9. 有胆量才能攀摘到创业之花

在一个小村落里，一家人三代，爷爷奶奶，爸爸妈妈，4 个小孩，一共 8 口人，挤在一间只有 14 平方米的破落简陋的房间。家里极其贫穷。但是他们拥有一头奶牛，这是他们家唯一的、也是最宝贵的财富，他们一家人就靠着这头奶牛生存下去。

很多年来，就是这样，奶牛维持着一家人最基本的生存，不至于让他们饿死。

有一天，一个外地来的教授，看到了这家人的情况，他用一把匕首刺进了奶牛的咽喉。

奶牛倒下了，死掉了。所有的人都惊呆了。

没有了这头奶牛，这家人怎么活下去?

一年后，教授再次来到了这个小村落。原来的那间破落简陋的房间被一座漂亮的小房子代替了。但是主人还是原来的主人。

主人说："当你杀掉那头奶牛的时候，我们清醒地意识到，除非我们做点别的事，否则处境只会越来越糟。失去那头奶牛使我们的人生跌倒了低谷。于是，我们只好在房子后面开辟了一小块空地，撒下一些种子，种起了蔬菜。过了一段时间，我们发现，这个小菜地里收获的蔬菜，竟然比我们自己需要的还要多。我们考虑，如果我们能够把剩余的部分卖给邻居们，我们就有钱购买更多的种子。当然我们这样做了。不久以后，我们不仅有了足够的食物可以自给自足，还可以把多余的菜拿到市场上去卖。现在，我们用卖菜赚来的钱，建了这座小房子。"

我们每个人的生活当中，都有一头这样的"奶牛"。它能维持我们最基本的需求，但是如果守住它，就永远无法改变平庸的现状。这个时候，我们需要有破釜沉舟的勇气，果断地杀掉这头“奶牛”。

可是，现实生活当中，太多太多的人，都不敢杀掉自己的奶牛。小富即安，是这个社会大多数人的现状。

18 岁的吉诺·普洛奇在一家水果摊打工，有天来了 18 箱冷冻厂受损的香蕉，质量没问题，只是外皮黑乎乎的。老板让他随便什么价格把这批香蕉卖掉。“阿根廷香蕉!”他在门口大声叫喊，因为这个名字听起来很特别。吉诺说服围过来的人，为优待大家，他准备以惊人低价——1 磅 10 美分出售(其实当时好香蕉也只是 1 磅 6 美分)。结果，3 小时不到，吉诺将 18 箱香蕉卖光了。

中国人渴望财富的今天，创业是被鼓励的、被激励的，创业路上风风雨雨，坎坷与荆棘密布，唯有智慧者、勇敢者才能撷取最美的一朵。

没有超人的胆识，就没有超凡的事业创业要求有志者具备超人的胆识，勇于承担多数人望而却步的风险事业。然而，企业家们迎接风险的方式也各有不同。如英国 TheBigIssue 杂志创始人 JohnBird 正是通过风险的把握而获得成功的。

Bird 说，企业家甘冒风险的勇气从某方面看来自他们热衷于接受挑战的满足感。然而，有一些企业家更是充满自信，在他们的字典里根本没有风险二字。巴西新兴互联网企业 ig. com 的 AleksandcrMandic 就是这样一种人。他说，他并不认为自己是在冒险，因为他根本没有看到任何风险的存在。

创业本身就是一项冒险活动。要有胆量，敢下注，想赢也敢输，创业是最需要强大心理承受能力的一项活动。

很多创业者在创业的道路上，都有过“惊险一跳”的经历。这一跳成功了，功成名就，白日飞升；要是跳不成，就只好凤凰涅了。

当年周枫带人做婷美，一个 500 万元的项目，做了两年多，花了 440 万元还是没有做成。眼看钱就没了，合作伙伴都失去了信心，要周枫把这个项目卖了。周枫说，这样好的项目不能卖，要卖也要卖个好价钱。合作伙伴说，这样的项目怎么能卖到那么多钱，要不然你自己把这个项目买下来算了。

周枫就花 5 万元钱把这个项目买了下来。原来大家一起还有个合伙公司，作为代价，周枫把在这个合伙公司的利益也全部放弃了，据说损失有几千万元。单干的周枫带着 23 名员工，把自己的房子抵押，跟几个朋友一共凑了 300 万元。他把其中 5 万元存在账上，另外的钱，他算过，一共可以在北京打两个月的广告。

从当年的 11 月到 12 月底，他告诉员工，这回做成了咱们就成了，不成，你们把那 5 万块钱分了，算是你们的遣散费，我不欠你们的工资。咱们就这样了！这些话把他的员工感动得要哭，当时人人奋勇争先，个个无比卖力，结果婷美就成功了。周枫成了亿万富翁，他的许多员工成了千万富翁、百万富翁。

现在很多的大学教授、市场专家分析周枫和婷美成功有诸多原因，其实事情没有这么复杂。说白了，不过是一个合适的产品，加上一个天性敢赌的领导，加上一些合适的营销手段，才有了这样一桩成功的案例。

创业需要胆量，需要冒险。冒险精神是创业家精神的一个重要组成部分，但创业毕竟不是赌博。创业家的冒险，迥异于冒进。什么叫冒险，什么叫冒进？冒险是这样一种东西，你经过努力，有可能得到，而且那东西值得你得到。

否则，你只是冒进，死了都不值得。创业者一定要分清冒险与冒进的关系，要区分清楚什么是勇敢，什么是无知。无知的冒进只会使事情变得更糟，你的行为将变得毫无意义。

胆商，成功创业的资本。你什么时候都可以停下来，为什么要现在停止呢？当事情进展得不像你所想象的那么顺利时，你会变成什么样的人？

成千上万的人做着创业梦，只有少之又少的人勇敢地付诸行动。在没有资金的情况下，敢想，敢说，敢干也是一种资本，当你拥有足够的想象力，在资金短缺的原始积累初期，它能发挥出难以想象的“资本”威力。

10. 把握趋势才能运筹帷幄

创业是一个在夹缝里求生存的活动，尤其处于社会转轨时期，各项制度、法律环境都不十分健全，创业者只有先顺应社会，才能避免在人事关节上出问题。

势，就是趋向。做过期货的人都知道，要想赚钱关键是要做对方向，这个方向就是势。比方说，大势向空，你偏做多；或者大势利多，你偏做空，你不赔钱谁赔钱？反过来说，你就是不想赚钱都难。

势分大势、中势、小势。创业的人，一定要跟对形势，要研究政策。这是大势。很多创业者认为政策研究“假、大、虚、空”，没有意义。

实则不然。对一个创业者来说，大到国家领导人的更迭，小到一个乡镇芝麻小官的去留，都会对自己有影响。在政策方面，国家鼓励发展什么，限制发展什么，对创业之成败更有莫大关系。

做对了方向，顺着国家鼓励的层面努力，可能事半功倍；做反了方向，比如说，某个行业、某类型企业，国家正准备从政策层面进行限制、淘汰，你偏赶在这时懵懵懂懂一头撞了进去，一定会鸡飞蛋打。

顺势而作，才能顺水行舟。观察政府，研究政策，是为了明大势。

中势指的就是市场机会。市场上现在时兴什么，流行什么，人们现在喜欢什么，不喜欢什么，可能就标明了你创业的方向。俞敏洪如果不是赶上全国性的英语热和出国潮，他就是使再大的劲，洒再多的泪，流再多的汗，也不会有今天的成功。

小势就是个人的能力、性格、特长。创业者在选择创业项目时，一定要找那些适合自己能力，契合自己兴趣，可以发挥自己特长的项目，这样才有利于你做持久性的全身心的投入。

那么，人们不禁要问："大企业家们是怎样成功把握商情，捕捉机遇，运筹帷幄，决胜千里的呢?"

（1）理性看待冷门与热门

首先善于发现冷门中的大热门，凡是眼光独到的企业家对市场行情的"冷"和"热"往往都有独到的见解，因而出乎意料地"突然成功"。实际上，"冷"和"热"只是暂时的、相对的，随着大环境的变化，两者可以互相转化。

前些年出现的房地产热、服装热、炒股热都给我们带来很大启迪，即成功属于最早行动起来的人，成功源于"冷"期而非"热"期，大机遇往往隐藏于被常人忽视的"冷"门之中。其次是不步别人的后尘。

跟在别人屁股后走的人，在经营中是成不了大器的。如果"醒得早、起得迟"，机遇永远属于别人，自己追求到的只是些残羹剩饭。对大机遇而言更是如此。优秀的企业家大都不喜欢与别人同食一碗饭，他们的高明之处在于能够把小机遇变成大机遇，把大机遇变成超大机遇。他们不随大流，目光独到，另辟蹊径，在别人还"没睡醒"之前早已采取行动并取得成功。

（2）把握宏观大局

掌握信息是决定经营成败的关键因素之一，商界普遍认为，得信息者得天下。很难设想，一个视听封闭、优柔寡断的企业领导能够先人一步抓好机遇。敏锐的企业经营者都是运筹帷幄，决胜千里的。

经营者的心思无非就是一个：把握大格局，决断企业的自上而下和发展。要想做好这篇大文章，他必须对竞争形势、消费者需求等关键信息了如指掌，以此为出发点，制定当前的经营策略和将来的发展战略。

市场信息千头万绪，如果抓不准，就掌握不住主要的、关键的信息；即使掌握了关键的信息，但抓得慢、决策滞后，也不会带来大效益，再假如有了前面两条，但对关键信息抓得不狠、不绝，给别人留下可乘之机，也不会收到很好的效果。

善打“区域差”和“时间差”，巧钻市场夹缝。商场是时间性、区域性极强的战场，判断时处处都能体现出来。从区域上讲，中国地域广阔，因政治及历史原因，造成东西之间、南北之间、沿海与内地之间存在很大的差异，这是“区域差”；即使在同一区域，不同的时间也有不同的行情，这就是“时间差”。这些差异对企业家而言是绝对好的信息，是绝对的赚钱机会。

(3) 抓住时代赋予的机会

世界经济的发展表明，每个时代性、行业性的大机遇出现时，必然会造成一大批大企业家。一个人如果能看到并抓住这种大的时代性、行业性的机会，再加上自身的努力经营，往往会成为卓越的成功者。

但是，抓住大的市场机遇是不容易的，这与机遇本身的特点有关。

第一，市场是具有极其的渗透性。它无处不在、无时不有，广泛渗透于政治、经济、军事、文化、卫生、体育等各种领域，这就要求企业家们“无孔不入，无缝不钻”。

第二，市场机遇具有很深的隐蔽性。它不易被一般人发现。只有成功者才能透过纷杂的表象发现本质，透过偶然看到必然，甚至穿过假象和危机寻找机会。

第三，市场机遇具有不可逆转的即时性。它稍纵即逝，可谓“机不可失，时不再来”，然而却终究逃不出成功企业家敏锐的目光，最先发现、最先下手的人往往是先得益。

市场机遇的三个特点让很多在商海弄潮的人感到它是一种很难把握的怪东西，以至于有人感叹“生意难做”“机会难找”。

(4) 紧紧地盯住政府

创业者在活动中，两只眼睛不能只是盯着市场，还要紧紧地盯住政府。只是盯着市场的创业者是在用一条腿走路，是走不快的而只是盯着市场和政府的创业者则是用两条脚走路，他们不仅能够走出快捷平衡的步伐，而且可以飞奔起来。目光长远的创业者最有可能获胜，他们根据自己的政治信息，提前为创业做好决策，一旦形式发生转变，已经做好创业决策的就能立即行动，迅速出击。

创业者的政治敏锐性体现在以下两个方面：

关注政府行为：从政治行为中找到有用的信息，确定投资方向。这一点并不是每个人都能做到的，因为大多数创业者缺乏战略性的眼光和无所畏惧的魄力。

透过政治表象，看到事物本质，抓住政治信息，提前作出决策。这种要求说起来容易，但做起来并没有那么简单。政治现象远远要比经济现象复杂，它常常扑朔迷离，千变万化。没有丰富的社会经验、良好的感情能力和深邃的洞察能力，是不可能捕捉到真实的政治信息的。

辨别出真假的政治信息就是要透过政治表象，看到事物的本质，发现事物的发展的最后态势，并以此来指导自己的各项行动，做出正确的决策。

(5) 把机遇升华为现实生产力

许多人在机遇问题上持“知难行易”的观点，认为只要认识到机遇，就能赚钱，在“泡沫经济”时期更是如此。其实不然，即使在短缺经济环境中，也不是人人能赚大钱的。

成功的企业经营者之所以与众不同，并不在于他们掌握了多少理论，也不仅仅在于他们发现了机遇，主要是他们具备了把潜在转化为现实的“无中生有”的能力。

第五章
你将选择何种创业方式？

创业的道路有千万条，也许你有一项高科技的成果，正想创办企业，将成果转化为经济效益；也许你有一个高利润的项目，打算兴办工厂，借机开创自己的事业；也许你对某行业有着浓厚的兴趣，想开个小店，市场无绝对的大和小，产品无绝对的好和坏，关键是看人怎么做。

1. 详解零资本创业的步骤

谈到创业，几乎人人都有一套可以高谈阔论的生意经，然而真正付诸执行的个案实在是屈指可数。原因在于，害怕创业的人总是多过愿意承受创业压力的人。本书将创业过程切割成八个步骤，引领读者们在创业之路上走得更踏实。

第一步：从三百六十行中选择你的最爱

人人都可以创业，但是，却不是人人都可以创业成功的。这其间有着许许多多成功创业的小秘诀，而这些秘诀并非都来自创业成功个案的经验，很多是从失败的例子中去反省、领悟而来的。

综合这些经验谈，创业者首先必须做的便是决定要从事哪一种行业，哪一类项目。在你下决定之前，最好先为自己做个小小的测验，了解自己在哪方面较有创意、潜力；哪方面的事业较能吸引自己的注意力、并鞭策自己勇往直前等。

一旦做好选择，接下来的许多课题便需要创业者一步步地去执行，才能逐渐地迈向成功之路。

第二步：持续自我成长与学习

有了完整的创业点子，下一步骤便是尽量让自己多接触各种信息与资源管道；诸如专业协会及团体等组织机构。这些团体、组织不仅可以帮助你评估自己的创业机会与潜力，并可以尽早让创业计划就定位。

其他有效的资源：诸如创业者的自传、创业丛书、商业杂志等；或是专业的商业组织，如中小企业管理局的计划书顾问群等，也都可以提供许多的好材料给创业者去脑力激荡。创业者也可主动出击，把公司信息告知当地的商业组织、团体等来增加公司曝光率。

即使有可能遭受到地区性竞争者的妒忌，你还是可以试着与其他地区的同业交换创业心得、征询适时的忠告。有很多成功的创业者都有这种相同的经验，差别只是解决方法不同而已，所以别太早死心，枉送别人的美意。

第三步：慎选你的品牌或公司名称

最佳的品牌或公司名称是要能够充分反映你的产品或服务与众不同的特色及单一性。基本上，品牌或公司名称与产品之间的关系是成正比的；亦即是要能在消费者或顾客群的心目中产生一种紧密的联想力。

具创意的品牌或公司名称不仅有助于建立品牌的形象，同时也能打动顾客的购买欲。选择的品牌或公司名称时应该具有前瞻性与远见；所选择的品牌或公司名称要能很有弹性地将自己推荐给消费者。

最后，别忘了先作注册公司名称调查，确定你所选择的名称仍然还未被登记或已在公司商标法的保护中。切记，别取一个过于冗长的名称，消费者不容易记得。

第四步：决定公司的合法组织与法律架构

在开始计划营运前你必须选择何种法定组织架构适合你的创业大计。简而言之，首先你必须决定是要自己创业？还是合伙创业？如果选择合伙创业，公司的起始资本额要如何分配？

合伙创业的模式可以是有限股份公司制或是以一集团公司名称方式创业。这中间并没有一套可依循的准则，来分析各种可能状况以区分孰优孰劣；因此，你必须先了解各种公司组织形态的利弊及运筹方式，再选择最适合组合模式配合你的创业计划方式。

尽管各种公司营运架构有些微的差异性，但是最需要注意的焦点是一旦公司营运出状况时，公司内部将由谁负起最后法律上的财务责任？

举例来说，以独资或合伙人形态创业，公司组织法要求个人自行负担公司的债务归属问题。也就是说，一旦公司因牵连上财物官司而败诉，则个人名下所属财产及不动产等都会受到法院的扣押、拍卖以偿还债务。

无论一开始你选择哪一种经营模式，都不代表公司的经营体制已经定型不变，还是可以依据公司的发展与未来潜力做适时的变更。

第五步：评估一份具体的预算报告

经营一项有利润的新事业必须要有充分的流动资金，并且要能与实际经营运作时所需的开销相平衡，是以草拟一份年度预算表是必要且马虎不得的。

要草拟一份精确的年度预算表并不容易，即使是一位最有预算概念的大师来编列预算表，还是多少会有低估预算，或遗漏些小细节，这些小细节常常是发生在预算表中的杂支及超支项目；

另外，有时公司成长太快也会出现这些小麻烦。总之在开始编列预算时必须注意的是公司草创第一年的年度预算应该包括公司首次营运费用及持续营运的每个月开销。

不管公司状况如何，一份理想的预算报告最好在编列预算时，稍微调高所需预算比例，直到公司可以负担营运成本以及本已低估的获利能力。

最好是听听其他同业的意见，并在编列具体的预算评估表时能按照专家建议，把最好和最坏的财务评估案例折中试算，然后把预算设定于两者之间。专家则建议去一趟会计事务所将会让你对公司的开销、营收及流动资本运作计划更了解。

第六步：选对地址，事半功倍

在决定了自主创业也选好了项目之后，接下来最重要的恐怕就是选址的问题了。选址对于办公司开店铺到底有多重要？

专家的看法是：不论创立任何企业，地点的选择都是决定成败的一大要素，尤其是以门市为主的零售、餐饮等服务业，店面的选择，更往往是成败的关键，店铺未开张，就先决定了成功与否的命运。可以说，好的选址等于成功了一半。

尽管在选择经营场地时，各行业的考虑重点不尽相同，但是有两项因素是绝对不可忽略的。即租金给付的能力和租约的条件。经营场地租金是最固定的营运成本之一，即使休息不营业，都照样得支出，尤其在房价狂飙后，租金往往是经营者的一大负担，不能不好好“计较”。

有些货品流通迅速、体积小而又不占空间的行业，如精品店、高级时装店、餐厅等，负担得起高房租，可以设于高租金区；而家具店、旧货店等，因为需要较大的空间，最好设置在低租金区。

租约有固定价格及百分比两种，前者租金固定不变，后者租金较低，但业主分享总收入的百分比，类似以店面来投资作股东。租期可以订为不同时限，但对于初次创业者来说，最划算的方式是订一年或两年租期，以预备是否有更新的选择。

第七步：募集充足的创业资金

俗话说得好：“用钱创造财富！”在众多创业失败的例子中，资金的不足经常是最后让创业者黯然落下“英雄泪”的主要原因。

因此，信心满满的创业者别忘了在公司正式营运前，一定得先把资金募集充足；换言之，创业者必须明白公司在草创期的第一年内可能无法赚到一毛钱，创业者因而要有所警悟及万全的准备，以渡过难关。

创业者在筹措创业资金时，必须是以能支付公司创业第一年内所有的营运开销为目标。一般而言，除非中了彩票第一特奖外，创业者的最简单、最方便的募集资金方式便是从每月的薪资袋中节省下来。如果这方式对你而言并不是个好办法，向外募款的办法也是最普遍的资金来源。

创业者募集创业资金的来源相当多，简单地说，亲戚、朋友、银行、房屋抵押、退休金，甚至是信用卡借贷也能派上用场。

但是，创业者必须谨记在心的是，一位成功的创业者总是知道如何善用各种管道去募集充足的资金，来做为创业的坚强后盾，千万不可只从单一管道取得资金，以免一旦资金吃紧时找不到后路来救急。

第八步：完成公司登记及了解各种法律相关条文

就在开始营业之前，你必须去了解所有与商业法规相关条文规定、执照或许可证申请的细节与表格。

切记一点，各县市政府对营利事业单位的规定可能有所差异，因此别忘了询问在你工作室或办公室所在县市区域内，有哪些是该特别注意的法律规范条文。

通常，你可以在各地的中小企业协会或商会取得这些信息；同时，别忘了留意营业执照相关申请规定及办法。

2. 大学生创业做什么最容易成功?

大学生创业有优势，也有局限性。大学生思维活跃、充满活力、喜欢接受新鲜事物，学校的学习使大学生具备了一定的专业知识，但由于没有进入社会，商业意识、社会经验、企业管理、财务及营销等方面都比较欠缺，因此大学生在创业方向的选择上应扬长避短，寻找适合自己发展的道路。

（1）科技成果

大学是科研成果和科技人才聚集的地方，曾经出过不少科技创业的成功人才。作为大学生，如果自己在某一领域有自己的科技成果，则可以利用自己的成果走科技创业的道路。

这里要注意的是，在进行科技创业时，要充分利用学校的资源，包括科技成果、技术、设备、老师、同学等；另一方面要注意的是，要将科技成果转化成商品，这是用科技成果创业能否成功的一个重要因素。

（2）科技服务

大学生根据自己兴趣爱好结合专业可以做出一些科研成果，但这些科研成果往往难以转化成商品，更无法将它们直接用于创业，而我们的一些企业，特别是一些大中型企业会有许多科技难题，大学生可以通过老师、学校加强与企业联系，将企业难题作为科研课题，为企业提供科技服务。

如果某项科技服务成果，能成为大企业的一个长期的配套产品或服务，这就将为创业者奠定了一个稳定发展的基础。应用大学的许多科技成果是与我们的生活息息相关的，但缺少应用方面的开发，许多都束之高阁。大学生可以利用自身的知识及学校资源，进行科技成果的应用开发。

这里不一定把眼光放在能改变社会生活的大项目上，只要能找到与人们日常生活相结合的一个点，小商品就可能做成大市场。比如我们把食品科技的成果用于休闲食品领域。

把种植、养殖方面的科技成果用于家庭种花、养宠物；把材料表面处理新工艺用于工艺品、饰品等等。

（3）智力服务

服务业随社会经济的发展，在我们的生活中已占有越来越重要的地位。大学生创业应发扬自己的知识优势，选择一些需要知识和专业的智力服务，如翻译、电脑维修维护、家教培训等，或把软件设计应用到一些传统行业、中小企业、商务及商业连锁领域中。

（4）电子商务

现在网络已变得日益普及，它已成了人们生活的另一个舞台。电子商务成本低，不受时间、空间限制，大学生从小就学习和使用计算机，他们可以用自己的知识技能进行网上创业，做电子商务。

在这方面大学生不应停留在网上开店，买卖传统商品上，而应该结合自己的特点提供一些网上智力服务，或一些有创意的电子商务。

比如学国际贸易的可以通过网络寻求国际订单；为传统行业提供网络销售；为要走出去的中小企业提供外部信息；建立虚拟办公服务等等。

（5）创意小店

城市的发展它为许多有个性、有创意的东西带来了商业空间。大学生年轻朝气、思维活跃、喜欢接受新鲜变化时尚的东西，小店的经营相对简单，对社会经验、管理、营销、财务要求不高。

因此，大学生可以发挥自己的特点在这座日新月异的国际化大都市，开一些有创意的小店。比如创新的蔬果店、甜品店、幼儿绘画坊、成人老年人玩具吧、绣品工艺品 DIY 店、个性家饰、饰品店、美容美发吧等等。

(6) 连锁加盟

连锁加盟是一种成功的商业模式，发达国家的连锁加盟在商业经营中占有很高的比例，在我国连锁加盟的比例还不高，还有很大的市场空间。连锁加盟可以为加盟者提供成功的模式和经验。

对大学生来说，通过连锁加盟形式创业，可以弥补自身的不足，快速掌握经营所需的经验和知识，降低风险，提高创业成功率。通过连锁加盟创业的关键，是要寻找一个连锁加盟体系相对完善，适合自己的项目。

以上所说的一些创业方向，比较符合大学生的特点。随着大学精英教育向大众教育转变，大学生的就业也将从学历就业转变成能力就业，创业也将成为就业的一种选择。生存型的创业也将逐步成为我们的一种选择，因此，为了明天更美好的生活，我们的大学生应做好全方位的准备。

3. 互联网创业，最重要的是什么？

每天向投资家们陈述其商业创意、恳请提供资金的信件、邮件如雪片般飞来，投资家们必须从如此众多的申请者中间筛选出他们中意的创意，入选条件是这些创意给出了投资家们感兴趣的问题的答案。

因此，那些想要让投资家们提供资金的创业者们在完善自己的创意时对这些问题也应该有足够的了解。

以下是投资家们感兴趣的七个问题，同时也是决定你的创意能否得到投资家们青睐的关键所在。

（1）你的创意能否带来网络正反馈效应？

互联网带来的一个不可思议的现象是：传统经济中的产品、服务和资源在被使用时，遵循的是“物质不灭定律”——用得越多，剩得越少，“物以稀为贵”“资源、产品及服务的稀缺性”是商人待价而沽、谋取暴利的手段。

而在网络经济中，随着市场的扩大、使用人数的增多，产品和服务的价值越来越高，信息资源在被大家共享的同时总量却在增加——这就是网络正反馈效应。如果你的创意能够带来网络正反馈效应，那么由此造成的领先优势再加上公司完美的运作和吸引顾客的能力，你将使后来者望尘莫及，根本无法与你匹敌。

如果你的创意能够带来很大的网络正反馈效应，从这一点上讲它就是一个好的创意，投资家们会对它感兴趣的。

（2）你的创意能否具备适应网络发展的潜力？

用日新月异来形容互联网的发展是再恰当不过了。随着互联网的迅速发展，其规模、性能以及与之紧密相连的商业理念等都在发生着变化。

如果你的创意能适应这些变化、能经得起它们的考验，那些一贯以质论价的投资家们肯定会对你倾囊相助的；

相反，如果说你的创意或商业模式是一次性的、只是应一时之需而没有发展潜力，那么风险投资家们给你投资的可能性就微乎其微了。

(3) 是否有独具匠心的市场操作技巧来实施你的创意?

Hotmail 电子邮件系统迅速获得成功的催化剂就是所谓的“病毒感染式市场推广法”。它是利用人们一传十、十传百的活广告来扩大市场。

在人们口头传播和使用 Hotmail 的过程中，他们成了该公司的不自觉的宣传者，而他们的朋友则是这些市场信息的接受者。

能否以服务及产品质量获得好的口碑来使用户帮你做宣传，这是用来评判一个面向顾客的 . com 公司的重要参数。

(4) 你的创意有无很强的适应性?

在当今的新经济环境中 . com 公司的优势就在于转向灵活，能以接近零成本的代价来戏剧性地改变商业计划。身处互联网时代，一个 . com 公司的竞争力体现在商业理念和市场行动的敏捷与灵活上。

(5) 你的创意在实施中有无自我保护的屏障?

互联网时代的公司与以前相比可以发展得很快，也可能突然间衰退下去。防止发生这种情况的重要措施是，公司具有内在的吸引并留住顾客的手段和面对竞争对手保卫自己的良方。

如果你无法留住你的顾客，那么发展得再快又有什么意义呢？因此，在把你的创意变成一个 . com 公司的时候，你必须制定防止顾客流失的策略以及避免受到模仿你的经营模式的竞争者的冲击。

互联网世界里“丛林法则”依然适用，紧跟着开拓者的步伐仍能捞到不少好处；作为开拓者的你只有尽可能地摆脱这些跟随者，才能保证你的最大利益和长远利益。

(6) 在实现你的创意的过程中有无人才方面的问题?

新创建的.com公司的发展经常因为无法招募到一流的人才而受阻。因此，新创建的公司在制定和完善商业计划时总是很重视有关人才方面的因素，这已经成了那些成功的.com公司的一条基本的原则。

(7) 你的创意中是否有“占领”市场的策略?

新创建的.com公司常用的占领市场的方法之一是降低产品或服务的价格，或者干脆免费提供产品或服务，这样会使得市场上的那些老公司大伤脑筋：让它们庞大的分销系统应付这样的价格战是很困难的。

依靠互联网节省成本而得到的价格优势，新公司就可以通过重新构建竞争基础来取得相当大的市场份额。

下面还有一些来自投资家的忠告。

首先要从业务模式上看，如果是那种不在互联网上就很难做到的业务，就是好的业务模式，比如网上拍卖。好模式有足够大的市场规模、很强的可延伸性，而且只有先行者可以成功。

第二，要有一个既懂网上，又懂网下，既能管理小企业，又能管理大企业的管理团队以及留住这个团队的激励机制。

第三，最好有大的战略伙伴。

第四，要有品牌效应。

第五，要有长期的业绩。

4. 利用电子商务创业的实战经验

在人人都在谈论电子商务的今天，我们不仅需要清醒地认识到，这种新的技术手段给商务带来的变革，也要认识到在电子商务这一概念中，商务所起的核心作用。看看那些从互联网泡沫蒸发过程中存活下来的企业，真正能够持续发展的企业，还是那些真正具有商务内容的公司。

而电子作为一种新的沟通手段，既要能推动商务的发展，又要服务于商务的需要，这两个方面是相辅相成、缺一不可的。

随着电子商务的日趋成熟，越来越多的企业也深刻地认识到：要在竞争日益强烈的国际市场中持续发展并立于不败之地，开展电子商务是企业最好选择和必由之路。当然，企业要开展电子商务，仅仅靠建立一个网站进行产品推广和宣传是远远不够的。那么，如何在电子商务的实战中获得成功呢?

下面是来自电子商务最前线的实战经验。

(1) 物美价廉的产品信息

发布的产品的质量一定要过硬，同时在价格上有一定优势。因为，市场上的同类产品一定存在。在商品经济发达到目前这个程度，独一无二的产品几乎是没有的。

因此要在同类产品的比拼中获胜，质量一定要过关，同时在价格上要有吸引力。只有物美价廉的产品，方能在电子商务、网络营销中脱颖而出，赢得市场。

对于电子产品的生产制造企业来说，国内市场的内销产品如果能取得CCC 认证（中国强制认证，也可简称为“3C”标志）。

国际市场的外销产品如能取得一些国际认证，如 ISO9000 系列认证、ISO14000 系列认证、UL（进入北美市场的通行证）、CE（打开并进入欧洲市场的护照）、CSA（打入美国和加拿大市场的通行证），GS（德国产品质量安全认证）以及 VDE、KEMA 等国际认证和 SA8000（社会责任标准，国际买家的新标准），则更有实力与同类产品角逐。

（2）信息真实详尽满足客户需求

发布的信息（产品信息、业务信息等）一定要真实可靠，同时尽可能详尽，并从客户的需求角度出发，设身处地为客户着想；若能同时配合一些图片介绍，效果更好，毕竟图文并茂也会给人一种真实、真诚的感觉。

这样的信息发布后，会给潜在的客户传达一种诚信做生意的态度，做生意和做人是一样的，真诚才能赢得好感。只有让对方能感觉到彼此是在诚心诚意做生意，那么成功的概率就大大增加。

在网络普及到现在这种状况，任一网上客户都可以通过搜索引擎或网站的查找功能找到同类的产品，因此，货比三家后，只有详细资料的产品信息才会引起客户的留意和吸取。不然，在客户浏览了多家公司的产品信息后，对产品描述不详尽或缺乏实物照片甚至连联系方式都不方便的话，转瞬间商机就会在指尖中失去。

（3）控制好信息发布频率

仅仅发布一次的信息是不能为大多数的浏览者看到的。如果想让浏览者第一眼就能看到你，不妨增加发布信息的次数。但过度重复的信息也会给浏览者带来厌恶情绪，从而失去与您商务联络的机会。因此，根据多年的网络营销实战，每天发布两次，较能达到收效。当然在不同的电子商务平台也会因人而异。

（4）注重信息发布技巧

要有简明扼要的信息主题，让人一目了然；如能在关键字的选取上吸引浏览者的眼球，那成功的机会就大大增加。

（5）及时处理客户的反馈意见和信息

在电子商务中，客户发一份询价或对产品感兴趣的 e-mail，总希望马上就能获得回复。若能在最短时间内与客户取得联系，那么客户对您的产品的认同感和诚信度会大大增强；如果没有及时处理，就有可能使买家的注意力转向到回复及时的商家，而令您痛失良机。

（6）人才的要求

有比较专业的电子商务人才协助管理互联网贸易。不论是做内销市场还是国际贸易，都要有既懂电脑技术又懂网络商务的人员，专职从事产品信息发布、更新，和及时处理最新的寻盘等工作。对于外销市场，还需要专门懂贸易、懂英语的外销人才。

（7）注重网站系统或发布平台的选择

目前国内已经有几套比较成熟的电子商务软件系统，如 shopex 网店系统等，都提供了快捷的建店选择。在建好自己的产品网站后，就要选择专业的且商誉较好的电子商务网站发布信息了。

如产品中国、中国国际电子商务网、环球资源网、美商网、阿里巴巴、中国出口商品网、易成商务、国创造网、实华开、华商合纵网、阳光之路国际商务网等，在这些网站发布信息，成功率较高，而且诚信度也较好。

从过去要在烈日和暴雨下的跑厂家、跑供销、跑交易会及各种各样的展览会、产品发布会，到后来的电话、传真联系，再到现在可以通过互联网，运用电子商务作为工具开拓国内外市场，这是一种必然趋势，也是时代的进步。

电子商务作为一种更为先进的商务手段，是可以互动的、图文声像可以并茂的工具。互联网贸易、电子商务将作为传统的商务形式的一种有效补充手段，将成为开拓市场、拓展业务、促进贸易的主流手段。

5. 如何成功开一家店?

对于想创业、但又没有雄厚的资金、没有足够的经验的投资者来说，开家店是个不错的选择。开店运营是步步进行的事情，不要小看开一个小小的店铺，里面涉及很多的学问，假如你正有创业的激情，正在筹划你心中的店，那么希望本文能起到一定的参考作用。

(1) 行业的选择

我们在选择所要经营的行业时往往会选择那些看起来利润率很高的行业，其实那只是表象，我们要看清楚利润的本质。

有这样一个现象，一个高利润行业中的企业与一个低利润行业中的企业一年下来所赚的钱相差不大，甚至高利润行业的企业其收益还不如低利润行业的那家企业，这是因为高利润行业就像一块诱人的蛋糕，大家都拥进这个行业，造成行业竞争激烈，利润率高但成交率却很低，而低利润行业则正相反。

我们选择行业时不要把高利润作为主要参考标准，而首先要考虑是否适合自身情况，如是否擅长或是否拥有资源等。而利润方面我们应该在周转率上下工夫，比如沃尔玛，他们一元钱周转一次只有2%的利润，看起来很低，但是他们一元钱一年周转24次，这样一来一元钱一年的利润率就将近50%，这才是真正的高利润。

相对的，比如一些健身器材产品，其利润率超过50%，甚至100%，但是一年也不一定能销售出去，而资金的积压、仓库保管、折旧甚至损坏，把高额的利润全部吃掉。再赚钱的行业也有赔钱的企业，再夕阳的行业也有赚钱的企业，所以，赚钱不在行业的选择，此时主要应该在经营上下工夫。

（2）创建一个以顾客利益为导向的经营理念

在开一家店前，先考虑好你为什么要开这家店，除去赚钱外，一个店铺想生存的长久并且发展壮大，就要有一个初于为顾客甚至是社会利益考虑的经营理念。

沃尔玛就是靠一个为顾客提供便宜些，再便宜些商品的经营理念从一个乡间几十平方米的小店发展到今天全球连锁超过3000家，世界500强之首的零售业巨头。

麦当劳的经营理念“以客为尊一切为你。”具体落实在Q、S、C、V四个方面：（Q）品质、（S）服务、（C）清洁、（V）价值。得到了大家的认可与喜爱，使全球连锁超过万家。

企业的经营理念往往是一句或几句口号，但口号只是复杂理念内涵的精练，确定了公司的经营理念后，把其精确的概括为几句口号，这样容易记忆，便于贯彻到每一个员工思想与行为当中。

但理念切不可只停留在口号的层面，也不是给顾客看的，这需要企业的经营活动都围绕着这个理念来进行，这种理念也不能仅停留在高层管理者中，要让每一个员工都清楚并认同。

企业就像一个人，经营理念就像这个人的价值观，行为准则，有了这些企业才会有明确的方向与一贯坚持的目标，否则，没有一个一贯的经营理念不仅会使经营变的摇摆不定，无法健康发展，还会使顾客模糊对企业的认识，无法忠诚。

经营理念是企业经营的灵回，一个以顾客为导向且符合市场情况的经营理念会让你的企业基业长青。

（3）经营定位

成功的定位就是找一条不同于对手的经营之路。任何一家店都必须有自己的定位，考虑满足哪些顾客的哪些需要。

不求满足顾客的所有需要，只求在某一方面既专一又专业。想获得没人竞争的蓝海就要有自己独特的，有别于竞争对手的地方，只有这样才能回避正面对手的竞争，这对于刚刚起步的店铺尤为重要。

定位的成功在于舍弃哪些顾客，为留下的顾客提供什么样的特色产品、特色服务、独特的体验等，但要注意一点，这种差异化定位不是标新立异，一定要通过市场调查等手段确定这种定位是否能与目标顾客产生对接，也就是说，你的这种定位是否是消费者真正需要的，如果答案是否定的那么这种定位就是不成立的。

(4) 选择经营的商品

这里指的商品即包括实质的物理属性产品也包括服务性商品。必须经营至少质量符合市场准入门槛的商品，否则很难做长做大。

在保证了质量的同时，追求差异性，因为，好的产品是立身只本，而差异化商品或服务才是取胜之道。具体的产品差异化策略参考上一段的经营定位。

(5) 店面的装修

店面的装修要与整体的经营定位、风格及顾客的欣赏品位甚至是经营理念一致。如迪斯尼与星巴克在店面装修上就截然不同，因为他们的定位、理念、顾客群体都不同。

现在是一个注重体验的时代，店面独特、美观的设计会给顾客留深刻而美好的记忆，大大提高顾客的重复光顾及转介绍的概率。

店面美观独特的设计对于服务性行业来说更为重要，而店面的设计上对于大多数行业来讲，明亮的色调，会让人本能地产生好感，尽可能地采用大橱窗与玻璃门，这会让路人看到里面的商品和购物的人流，既而产生进去看看与购买的冲动。

在装饰材料的选择上，并非只有使用昂贵的材料进行装饰才能达到理想的效果。差异、特色才是胜出的关键。比如，一家酒吧用 1 万只酒瓶来装饰店面，装修成本仅 1 万多元，可却给顾客以新颖独特的体验并被广为传播。

（6）制定严谨合理的章程制度

在开店之初就要制定好管理章程与制度，不然当开业后很容易出现内部管理问题，很多店的失败不是失败在市场上，而是失败在内部管理上，比如集体跳槽、损公肥私、人力消耗等情况。

所以，没有规矩不成方圆，必须像国家拥有法律一样，企业才能长期稳定地发展经营。如果等出了问题在制定严格规范的规章制度时，大家就都会提出各种疑义，企业是一个相对国家而言小的组织，但和国家一样，要靠法律与规章来约束组织的成员，达到有序和谐的发展。

（7）统一的视觉识别

应该根据企业规模的变化来确定统一的视觉识别系统，起家的小店，只要有个固定的招牌就可以，但慢慢规模不断扩大，甚至是开始加盟连锁时，就必须规范统一视觉识别系统，即简称的 VI，包括商标、标准字、标准色及实际的应用等。大到招牌小到餐巾纸，统一的视觉形象会给顾客留下深刻的印象，对于连锁企业更为重要。这也是企业迈向正规与发展所必需的。

（8）善于利用各种资源

对于刚刚起步的店铺来说，各种资源相对都很匮乏，此时巧妙整合各种可利用资源可以取得超出想象的收益，如通过精确计算，向厂家争取更长的账期，而后在账期中把产品销售出去，这就相当于用别人的钱来做生意。

网络资源也可以充分利用，现在很多企业都在网络上建立了销售与传播的渠道。还可以采用发展连锁、委托销售、利用突发事件、风俗习惯、节假日等资源来进行事件营销，助推企业发展。

6. 商店进货有要领

一个商店经营能否成功，与进货有很大关系。进货太多，存货就相对过多，不仅积压资金，而且可能因销售不畅而亏损。如果进了假冒伪劣产品，不仅造成对消费者侵害，而且给自己造成不可估量的损失。

相反，如果进货太少，很可能造成缺货，失去更多赢利机会。

(1) 进货原则

一般小店进货均是由经营人自己视销售而定，大多数时候能把握住量，但有时也栽跟斗。大多数商店一般都在星期三进货多一点，其次是星期一，再次是星期五，这样做主要是有充分的货物来迎接周末及周日的交易。进货时，应注意把握以下原则。

①按不同商品的供求规律来进

对于供求平衡，货源正常的日用工业品，适销什么，就购进什么，快销就勤进，多销就多进，少销就少进；对于货源时断时续，供不应求的商品，根据市场需要，开辟进货来源，随时了解供货情况，随供随进；对于扩大推销，而销量却不大的商品，应当少进多样，在保持品种齐全和必备库存的前提下，随进随销。

②按商品季节产销特点来进

季节生产、季节销售的日用工业品，季初多进，季中少进，季末补进；常年生产、季节销售的日用工业品，淡季少进，旺季多进。

③按商品供应地点来进

当地进货，要少进勤进；外地进货，适当多进，适当储备。

④按商品的市场寿命周期来讲，新产品要通过试销，打开销路，进货从少到多

⑤按商品的产销性质来进

季节生产，常年销售，生产周期比较长。受自然灾害影响较大，生产不稳定的一些农副产品，应寻找生产基地，保证稳定货源。对于大宗产品，可采用期货购买方式，减少风险，保证货源，降低进货价格。对于花色、品种多变的商品，要加强调研，密切注意市场动态，以需定进。

（2）进货来源

一般平价商店进货来源有三：第一，从厂商处直接进货；第二，从批发商处进货；第三；代理或代销商品。进货后，最好建立厂商、批发商资料卡及优销商品卡，前两种主要记载厂商或批发商名称、地址、电话、供应商品名称、数量、时间、单价、折扣、付款方式。

代销商品卡除记录以上内容外，还须记载送货时间、结账时间，付款条件等。

（3）进货技巧

一般进货的技巧也有三个。

①从多家进货

如何选择货物来源是每个生意人极其关心的事。一般经营者都愿意到廉价供应货源的工厂或批发商处进货。但如果仅仅关心价格，而忽略了质量，也不会把生意做旺的。

进货时，应注意以下几点。

严格把好进货关，在进货品时，要对进货厂家有个初步了解，了解厂家是否为合法经营实体。

严格考察厂家的商品质量。

进货时，至少选择两家以上的供货单位。其好处在于：

A 可以促使供货方之间在商品质量、价格和服务等方面的竞争；

B 可以有效防止进货人员与供货方之间不正当交易，比如回扣等；

C 可以及时掌握商品的信息，商品动态，从而有的放矢。

②进畅销货

对于什么商品是畅销货，除了可以从商店本身销售情况得出结论以外，关键还要考虑商品流动的时间，对供应产品的全面考虑等，因为消费者的口味变化越来越快且多样化。

购新产品时，不可盲目一时大量购进，新产品可能是畅销货，也可能不是。应先少购一点，试销后再定，不要占去大量资金。

对流行商品，应充分考虑到流行时间，从而在进货数量上把握很准确。

③依靠信息进货

商品进货，离不开市场信息，准确的市场信息，可使你做出正确的决策。如果信息不可靠，就会使经营遭受损失。而市场信息又来源于市场调查。主要方法如下。

登门造访。可选择一批有代表性居民户，作为长期联系对象。

建立工作手册。营业员、采购员和有关业务人员，每天大量地同消费者接触，应有意识地把消费者对商品的反映意见记录下来，点滴积累，经常坚持，然后把这些意见系统整理，反映给有关部门。

建立缺货登记簿。对消费者需要，而本柜组没有商品进行登记。登记项目是品名、单价、规格、花色、需要数量、需要时间等，每天汇总，以此作为进货和要货的依据之一。

设立顾客意见簿。顾客意见簿是商店与顾客交流的重要途径。柜组长在一日终了时，应检查一次顾客意见簿，发现和抓住一些倾向性的问题，及时改进，从而不断提高进货管理水平。

通过科学的市场预测方法来确定市场对于量、质、品种、价格等方面的需求，从而采购适销对路的商品，避免库存积压，造成损失，更好地提高经济效益。

（4）进货商品验收

对供应商所供商品的检验，要将自己的订货单与供应商的发票一一核对。包括对每一商品项目、数量、价格、销售期限、送货时间、结算方式等项目。检查人通过检查确认供应商所供货物是否与需求完全吻合。

7. 经营分公司也能分到创业这杯羹

创办企业可以有多种形式，如成立有限责任公司、合伙企业、个人独资企业等，不同企业形式各有利弊。如果你选择以其他公司的分公司从事经营活动，则可以承包的形式经营其分公司。

分公司（branch company）是指在业务、资金、人事等方面受本公司管辖而不具有法人资格的分支机构。

分公司属于分支机构，在法律上、经济上没有独立性，仅仅是总公司的附属机构。

分公司没有自己的名称、章程，没有自己的财产，并以总公司的资产对分公司的债务承担法律责任。

分公司是总公司管辖的分支机构，是指公司在其住所以外设立的以自己的名义从事活动的机构。

分公司不具有企业法人资格，其民事责任由总公司承担。

虽有公司字样但并非真正意义上的公司，无自己的章程，公司名称只要在总公司名称后加上分公司字样即可。

通过承包他人企业的分公司形式创业，可以借助他人已有的品牌打开市场，这将大大提高市场接受程度，减少个人创业的前期风险。

承包经营是指承包者个人与某一公司通过订立承包经营合同，由该公司将其某一分公司的全部经营管理权在一定期限内交给承包者，由承包者对企业进行经营管理。在承包经营期内，由承包者承担经营风险并获取企业的经营收益。

采取承包经营分公司的方式首先应与其总公司签订承包经营合同。参考

《全民所有制工业企业承包经营责任制暂行条例》，承包经营合同一般应当包括下列主要条款。

（1）承包形式

承包的形式有多种，有减亏承包、盈利承包，有按比例支付承包费，也有固定承包费。你可以根据该分公司的具体经营状况与总公司协商确定承包形式，最好选择没有包袱、没有复杂债权债务关系和劳动关系的分公司承包。

（2）承包期限

承包期限一般以三年左右为宜，太短尚无法实现目的，太长则可能受市场变化等诸多不确定因素影响承包收益。

（3）产品质量、技术改造任务及其他主要经济技术指标

这往往是发包人所关心的，但是作为承包人也要考虑该项任务指标对承包费以及履约能力的影响。

（4）承包前的债权债务处理

这条非常重要，特别对已经经营多年的分公司而言尤其如此。最好与历史旧账割断关系，因为分公司非独立企业法人，其债权债务可以由其总公司承担。如果做不到这一点，则须谨慎考虑，要求其如实披露其债权债务情况，并考虑债权实现的可能性。

（5）双方权利和义务

通常可以约定以下几点。

发包的总公司有权按承包经营合同规定，对分公司的生产经营活动进行检查、监督。

发包的总公司应当按承包经营合同规定维护分公司的合法权益，并在职责范围内帮助协调解决分公司生产经营中的困难。

分公司享有国家法律、法规、政策和承包经营合同规定的经营管理自主权。

分公司必须按承包经营合同规定完成各项任务等。

在签订合同时，应根据具体情况对上述内容进行细化。

(6) 违约责任

由于发包的总公司没有履行合同，影响承包经营合同完成时，发包的总公司应当承担违约责任。

同样的，承包人完不成承包经营合同任务时，也应当承担违约责任。违约责任约定应当具体明确，具有可操作性，以免违约时扯皮。

(7) 合同双方约定的其他事项

双方应根据具体经营项目的特点，详细约定双方关注的任何问题。

承包经营合同依法成立，即具有法律效力，任何一方均不得随意变更或解除。这里有一个很重要的问题，就是如何确认承包合同是否有效。

《合同法》第52条规定了合同无效的情形，包括：

一方以欺诈、胁迫的手段订立合同，损害国家利益。

恶意串通，损害国家、集体或者第三人利益。

以合法形式掩盖非法目的。

损害社会公共利益。

违反法律、行政法规的强制性规定。

因此，订立承包经营合同时应避免上述情况的发生。

当然，因不可抗力使分公司无法履行承包经营合同时，合同双方可协商变更或解除承包经营合同。

但是，由于承包的个人经营管理不善，没有完成承包经营合同任务时，发包的总公司有权提出解除承包经营合同。

同样的，由于发包的总公司违约使承包的个人无法履行承包经营合同时，承包的个人也有权提出解除承包经营合同。

如果合同双方发生纠纷，应当协商解决；协商不成的，合同双方可以根据承包经营合同规定申请仲裁；

也可以根据承包经营合同规定直接向人民法院起诉。

分公司没有法人资格，所以创业者用承包经营方式创业还要注意下面的一些问题。

有一点值得注意，工商行政管理部门一般不会允许同一企业在同一城市设立分公司，因此，分公司只能在异地设立，如果是在同一城市，则可以采取承包该公司某一经营部的方式。具体操作与承包分公司无显著差别。

关于企业承包经营，我国只有《全民所有制工业企业承包经营责任制暂行条例》，没有其他法律法规，但是，在实际操作中，可以参考我国关于外商投资企业的承包经营的相关部门规章。

当然，通过承包其他企业分公司的形式创业也存在弊端：首先，要承包分公司必须得到总公司的同意。

由于分公司不具有独立法人资格，总公司须对其债务承担连带责任，因此总公司会对承包主体提出较高的要求，甚至会干预分公司的经营管理。这是个人承包分公司创业的一大障碍所在。

其次，承包其他企业分公司创业就只能打着别人的品牌做事。分公司经营得再出色，也只能是别人的品牌，自己无法拥有自己的品牌。因此，创业者在完成必要的原始积累后应当考虑创立自己的企业，打拼真正属于自己的新天地。

8. 如何选择加盟品牌？

加盟一个好的品牌，对于想创业的人来说，就可以既自己当老板，又避免了创业的诸多风险，还能够减少创业资金等成本。因此，选对加盟品牌，或者说加盟总部，是加盟成功的有力保障。

挑选加盟品牌的要点是“实力、实力、实力”。为什么加盟麦当劳那么贵，还有许多人趋之若鹜？毋庸置疑，就是因为有实力。具体来说，选择加盟品牌应注意以下十个关键点。

（1）知名度

品牌知名度包括品牌辨识和品牌回忆的呈现。具有品牌识别能力的消费者，在获得某种提示后，便能正确地指出先前是否曾经看过或听过该品牌。品牌回忆指的是当消费者想到某种产品时，不经任何提示，便有能力回想起某特定品牌。

品牌知名度常常是消费者决定购买的重要动力。例如有人想吃汉堡，他们的优先选择可能是麦当劳和肯德基。品牌的知名度越高，品牌能够带来的客流和销售就越高，加盟者拓展市场时才更省心省力。

因此，创业者在加盟时，一定要摸清品牌情况，选择一家有着较高知名度的品牌，在一定程度上才能实现“背靠大树好乘凉”。

（2）企业文化

企业文化是企业信奉并付诸于实践的价值理念，是在生产经营实践中逐步形成的，为全体员工所认同并遵守的、带有本组织特点的使命、愿景、宗旨、精神、价值观和经营理念。从本质上说，它包括企业职工的价值观念、道德规范、思想意识和工作态度等；从外在表现上说，它包括企业的各种文化教育、技术培训、娱乐联谊活动等。

培育良好的企业文化，可以做到决策精明、信息灵敏、团结融洽、配合默契、效率快捷、勇于进取；可以在企业成员中造成强大的凝聚力和创业的动力。

企业文化包含着非常丰富的内容。资本主义国家已把企业文化当做一种新颖的管理工具，凭借这一工具把精心拟订的企业目标和策略变为具体的业绩。

加盟者在选择品牌时，要从两方面来考虑企业文化。一方面，好的品牌，往往会有一些独特的企业文化，作为企业的灵魂，给予企业发展的不竭动力。另一方面，该品牌的企业文化是否与你匹配。

如果其企业文化是内敛的、严谨的，就不太适合那些开放、活泼的加盟者，因为理念上的冲突，自然会影响到后续的合作。

(3) 经营管理

有许多连锁加盟总部的负责人并不具备经营管理的 Know – How，只是因为开了一两家生意很好的店，遇到许多人想要加盟开分店，于是就草率地成立一个加盟总部。

连锁加盟的总部需要具备的 Know – How 相当多，包括商品的开发与管理，商圈的经营、行销与广告宣传活动、人员的招募与管理、财务的规划与运作等等。这些都是协助加盟店妥善地长期经营店务的必要知识。

(4) 广告投入

广告是现代商战中必不可少的手段，也是先声夺人的最有力武器。广告是信息传播的使者，是企业的介绍信，是产品的敲门砖。它在有效的传递商品信息和服务信息的同时，为企业树立良好的形象，刺激消费者的购买欲望，引导消费者进行消费活动。

广告的投入及实施，也是加盟总部综合实力的一个体现。有实力的总部，为了进一步开拓市场，进一步配合加盟店的推广，往往会在中央电视台、各地卫视、各大门户网站以及各种重要的平面媒体上进行强势投入，同时在各个地区精耕细作，根据各个地区市场状况采用多种媒体组合方式进行宣传。而总部投入的大量广告，加盟商都是直接的受益者。

(5) 正确引导

说起加盟，投资者最关心的无疑是投资回报。部分连锁企业大力宣扬其高额投资回报，有的甚至在宣传资料上标明投资回收期仅为一个月，都是不负责任的宣传活动。

连锁加盟的确是一种赚钱的方式，但是一夜暴富的希望极其渺茫。好品牌通常会对加盟商作出一个全面的评价，给出一个客观、有效的投资回收期以及投资利润率。根据行业惯例，大多数连锁加盟行业1~2年的投资回收期应该是合理的。

(6) 相关培训

总部给予加盟商的培训支持，是连锁加盟正常运转的核心要素之一。培训可以促进加盟商与总部之间的相互了解，提高加盟店成功的概率。

对于投资新手来说，如何进行人员招聘，如何进行店面的日常管理，如何打开销售局面、提高营业额等等，都是迫切需要学习的内容。只有真正好的品牌，才拥有一套完善和有效的培训体系，为加盟商扫清障碍。

了解一个品牌的培训能力，可以看它是否拥有自己的培训部门，有哪些培训课程，培训人员的实践经验和专业素养，培训期的长短以及是否到店培训等。同时，还可以通过了解已经加盟者的受训情况来判断总部培训的有效性。

(7) 前期服务

香港知名企业家李嘉诚曾说，投资地产最重要的是“地段、地段、地段”，而经营加盟项目成功的秘诀之一也是“地段、地段、地段”。“酒香不怕巷子深”的思想已经落伍，没有好的地段，再好的项目也有明珠暗投的可能，即使最终成功了，盈利的时间也会大大推迟。因此，如何选择合适的经营地段，就成为加盟商头疼的问题。

如果你选择了一家好的加盟总部，这时，优势就体现出来了。正如大家所熟知的，麦当劳的选址几乎没有失败的案例。好的总部在选择加盟商之前，都会对市场考察和加盟店选址投入大量的精力。

因此，他们通常有能力为加盟商出谋划策，选定合适的地段，以此保证加盟店的客流量，为未来的经营埋下良好的伏笔。

同时，好的总部会站在加盟商的角度，为其提供合理的店面面积规划。店面面积过大，容易使店面的有效资源得不到充分的利用，造成单位面积的管理成本高、盈利能力低；面积过小，则不能满足高峰期间的经营。

(8) 后续服务

正如销售产品的企业，其优良的售后服务最能体现其品牌一样，好的加盟总部，往往都有完备的后续服务机制，这为加盟店的长足发展提供有力保障。

比如，总部会根据加盟店的销售情况，由专业的配货师为其进行货物选取，以适应当地消费者的喜好。

有些总部还定期或不定期去各加盟店进行巡察，这既体现了总部对加盟商事业的关注程度，同时也表明其对各加盟店运营情况的关心。从另一个角度来看，总部通过巡视过程，还能收集到许多市场信息，从而进一步采取策略、提高其竞争力。跟随这样的加盟总部，无疑是加盟商的福气。

李先生去年加盟了重庆某公司的餐饮项目。加盟店开业后，总部派去了两名督导，指导了一天就匆匆离去。由于李先生自己没有餐饮管理的相关经验，缺乏管埋和技术支持，经营很是困难。李先生多次向总部请求支援，但迟迟都等不到相关人员前来指导。最后，该店开业后不到 3 个月就因亏损 10 多万而关门大吉。

如此种种，着实令人扼腕叹息。

(9) 控制规模

好品牌会合理地控制连锁布点的密度。密度过高就会导致自相残杀；而密度过低，就会导致顾客不便，令竞争对手趁机进入。

有些加盟总部因为一炮而红、广受欢迎，就目光短浅的盲目增加加盟店数量。同时，不断地搬迁到大的办公室、厂房，增加人手、增购机器设备。急速的扩充规模，除了要投入资金之外，还会因为规模不经济的因素造成一段时间的亏损。同时部门及人手的增加也会产生沟通协调不良的状况，作业的错误会增加、效率也会降低。

肖女士与北京某公司签订了加盟协议。开业最初的两三个月，店里的效益还算不错。可是不到半年时间，就涌现出 3 家与肖女士所开店面一模一样的加盟店，店里的商品品种、所定价位几乎完全一样。等到当月月底一盘账，挣的钱支付完员工的工资、房租之后，纯利润不到 1000 元，还比不上她上班的工资。

（10）团队用心

卖什么要像什么，所以加盟店要能够针对主力商品的消费模式来设计，但是商品是有生命周期的，所以加盟店的装潢与格调也要随同作调整。

外在环境是一直在改变的，如果加盟总部不具备商品开发的应变能力，当现有的商品组合走到衰退期，不能满足消费者求新求变的需求时，加盟店的生存能力就会产生问题。

有些加盟总部并没有永久经营的想法，只想在市场上面捞一票就跑，或者自己就对本行业的前景没有信心，因此虽然现有的连锁加盟体系还在持续扩展，不过又转投其他的行业或是发展其他的品牌。

而负责任的总部会珍惜连锁加盟系统建立的不易，遇到经营瓶颈时会设法找出加盟店与总部的因应之道，领导着加盟商一起渡过难关、开创新局面。

在选择要投身的对象时，应该多了解负责人对于事业发展的未来规划是否注重在本业上以及他所投入的重点是否与本业相关。如果发现主要负责人的真正兴趣并不是在本业上，那么是否值得加入就要很慎重地考虑了。

以上种种，都旨在提醒投资者，“企业的实力，永远是第一位的”，只有选对品牌，加盟成功才指日可待。

9. 你适合与人合伙创业吗?

大学生创业群体作为相对弱势的初创业者，经常会感到势单力薄，或在资金，或在管理、技术方面都不足，因此合伙创业就成了一个重要的选择。

合作伙伴之间最重要的是相互信任，相互尊敬，同时要有一种感觉，一种“爽”的感觉。这种感觉有点像谈恋爱，而且是一场马拉松式的恋爱。因此，初期的创业伙伴最好在熟人圈子里寻找。

因此，很多人选择创业伙伴通常会在配偶、亲戚、同学、同事、同好等等里面寻找。比如 Google 的创始人是同学关系，当当网的创始人是夫妻关系……

合伙创业不但可以汇聚各方资源，加速资本积累，缩短学习曲线，还可以在一个较高的起点上运作，得到单打独斗所不具备的好处。

合伙的利就在于能够通过合伙来增强整体的实力、并获取更大的利益；而合伙的弊却恰恰就在于可能会因为合伙而引发的内部矛盾以及为解决这些内部矛盾而可能会耗费掉巨大的心血与精力、甚至可能会因为这些内部矛盾而导致各自利益的损伤。一句话，合伙的弊就在于合伙可能会引发的内部矛盾。因此，在采取合伙方式之前，创业者必须清楚，应当在什么前提下合伙，以什么方式合伙。

为了合作更加愉快和长久，为了长久目标的发展我们应该注意以下几点。

(1) 为什么我们选择合作

当我们创业者不得不选择合作者的时候，我们选择合作！因为合作可以使项目很好的发展实施，合作可以使我们合作双方资源共享，合作可以使自己变得更强大；合作有以下几种。

项目与项目的合作

项目与人的合作

项目与技术的合作

项目与资金的合作

项目与社会资源的合作

创业的六种合伙方式：

均等投资，均等管理，均等收益。创业者按一定数额均等投资，享受相当的管理权与收益权。这是一种最简单最基本的方式。其管理难度为1。

均等投资，不均等管理，均等收益。创业者按一定数额均等投资，享受相当的收益权，但参与管理的程度有很大不同。其管理难度为2。

差异投资，差异管理，差异收益。创业者有不同数额的投资，享受对应收益权，不同程度上参与管理。其管理难度为3。

多方投资，职业经理人管理；按股权收益。创业者有相同或不同数额的投资，聘用职业经理人进行管理。创业者按出资比例获得收益。其管理难度为2。

资本与知本结合，由职业经理人管理；按协议收益。创业者有相同或不同数额的投资，有不同性质的投资，聘用职业经理人进行管理；按出资比例获得收益。其管理难度为3。

资本与知本结合，首席执行官管理；按协议收益。创业者有相同或不同数额的投资，不同性质的投资，聘用CEO进行管理；按出资比例获得收益。

以上方式，还可以组合演变成多种合伙方式。但一个企业采取哪一种方式好，是这六种吗，也不一定。要看现实的条件，看合伙人的价值观和能力，并不一定是越高级越好，而是要量体裁衣，越合身越好。

（2）合伙重在合心

在“合伙”的概念里，当然包括有合资与合作，但最为重要的是合心。人家把钱放在一起，或“你出钱我出力”这样的简单组合，还只是一个松散结构，决不牢靠。那么，能够把大家长久地聚为一体，有难不乱、有利不散的黏合剂是什么，是共同的理念。这主要包括对事业发展目标的认同，对经营管理的原则相近、权利分配方式的认可。没有这几条，迟早会拆帮。

(3) 合作目的与目标

商业合作需要相同的目的和目标，有了一个共同的创业目标，才能走到一起来，所以目标的正确与合作有很大的关系！也是能否找到合作伙伴的关键，利益的合理分配是合作伙伴选择你的主要，当中，合作伙伴对你的项目的可操控性人的因素会很注意。

当你有了任何一种资源的时候，在选择合作者，看中的合作伙伴必然有很好的可合作资源，这种资源就是你的合作目的，目标是在行业上的地位，有了清楚的合作目的和目标，合作才能成立。

(4) 合作伙伴的职责

在合作初期，创业合作者要明确合作伙伴的各自职责，不能模糊，要能拿出书面的职责分析，因为是长期的合作，明晰责任最重要，这样可以在后期的经营中不至于互相扯皮，反目成仇，好多的创业合作中会有问题，就是因为责任明细不够。

(5) 合作过程的投入比例利润分配

合作投入比例是合作开始双方根据各自的合作资源作价而产生！因为投入比例和分配利益成正比的关系，也要书面明细清楚；当然根据经营情况的变化，投入也要变化，在开始的时候，就要分析后期的资金或者资源的再进入情况。如果一方没有融资的实力，那另一方的投入会转换成相应的投资占有股，来分配投入产出的利益。根据合作双方约定的书面分配合同，分配双方的利润。

(6) 合作方的退出机制

退出是一个很重要，也是每一个创业者不想去多想，但又很现实的问题，那就是合作伙伴的退出机制。作为一个创业伙伴来说，这一点很多时候即使抹不开情面，但总比出现问题了再解决要好很多。

合作要想好不合作，当一方退出，什么时候退出，退出时的投入比与退出比的比例以及怎样补偿，是谁承担？这些要提前书面明晰，签到合同里，项目的后期合作双方都能顺利地结束不必要的瓜葛，不要意气用事，以为大家是朋友不必计较的心态，合理的退出机制是合作的很重要的组成部分。

(7) 合作过程摩擦的预防

合作双方之间得摩擦主要是后期经营权和利润分配的矛盾，合理的安排合作职责，明晰合作双方的利益，保持一个良好的经营合作氛围，预防摩擦，重视摩擦，解决摩擦！良好的合作心态是解决摩擦的方法。

(8) 合作之间建立商业信任

由于合作者初期的合作关系的原因，合作重情！把一些合作细节都模糊，这样作法是不正确地，等有问题出现的时候，没有一个根本的办法解决，互相攻击，留下一堆乱摊子，只能靠各自道德和情谊解决。

把朋友和亲人之间的合作要建立在商业的基础上，用商业的解决方法去解决合作纠纷，避免纠纷，一切的合作细节都提前预防，提前明晰，一切合同化，创造一个良好的合作的平台。

(9) 优化资源配置

合伙之后，一定要能够发挥各方的优势，弥补各自的劣势，取得 1 + 1 > 2 的结果，而不能是小于 2，更不能是负效果。从一些合伙创业的实践看，优化的结构往往不是资本和资本的累加，也不是技术与技术的组合，而是资本和知本的联姻。合伙人结构雷同，貌似不错，实如近亲结婚，并不是什么优势。

(10) 管理不能滞后

由于合伙，创业企业的关系趋于复杂，就不能像单一投资结构那种简单化的经营管理，更多的气力去管。因为多一个人合伙，就要多三分管理。“无力养育莫生子”，合伙之前，要特别考虑好，到底有没有管理合伙人的能力，没有这个能力，不如自己单干。

第六章
创业智慧——用最少的力量办最多的事

一个创业者走上创业道路，不仅需要激情、勇气，更需要智慧，只要你开动脑筋，做个有心人，遇事善于用“市场眼”扫描一番，也许赚钱的机遇就降临到你的头上了。有出人意料的谋略才能最终战胜别人，赢得成功。

1. 大学生创业失败的常见原因

一般说来，从创业初期的资金分配与调度、人才招募、营销策略、管理技巧以及继之而来的市场潮流变化、竞争、应对策略……等等，都有可能导致你所创办的企业遭受无法继续生存的命运。以下便是创业过程中最常见的失败原因。

（1）资金短绌

创业者低估了财务上的需要，财务预算有缺失，同时在营运或生产上也无法有效运用资金，因此难以创造盈余。

许多人在创业之初并没有考虑到流动资金的重要性，所以在没有足够的流动资金的前提下就贸然创业。

殊不知，很多人在创业后经营不是很顺利的时候，需要坚守一段时日时，就因为没有充足的流动资金而不得不提前关门。如果创业者在创业时没有充足的流动资金以维持半年以上的运作，最好不要轻易去创业。

（2）市场资讯不足

包括不是真正了解潜在市场的需求量，错误预估占有率，对销售渠道和竞争对手的情况了解不清等。

许多创业者并不去了解竞争对手的经营运作情况，也不去仔细分析竞争对手的经营策略，不清楚对手下一步将有什么措施和手段来对付自己。特别是不去分析双方的优劣所在，一味凭自己的感觉行事，到头来往往吃尽苦头。

（3）不良产品太多或不良率太高

由于不良产品太多，或者不良率太高，成本和损耗都过大，加上创业之初产品也缺乏知名度，因而导致产品滞销，造成大量库存囤积。

（4）错误的策略

不当的企业价值观、无效的经营管理及销售策略、对竞争者估计错误等等，这包括创业理念与竞争策略的错误，由于这些策略关系到一个企业的生死存亡，因此，这也是导致失败的最重要的主因。

一旦创业者发生较大的错误或事变时，也往往欠缺应对经验和解决办法。因此，对于初次创业者来说，一个错误的策略就可能是致命的。

（5）产品淘汰率太快速

如果产品的生命周期太短，又或者生产出来的产品不合潮流，产品面世不久就遭到淘汰命运，这种不合潮流容易被淘汰的产品，在创业之后，短期内就很可能遭到失败的命运。

通常针对年轻人的流行产品一般都是寿命很短的，创业者一定要摸清这个规律，当某个流行产品大行其道的时候，你再去投资想分一杯羹时就要特别小心，可能当你的新产品上市之时，也就是该产品不再流行之时。

（6）管理不当

创业者管理经验不足，朝令夕改，常常在错误中学习，但却耗费了公司的许多资源，无法建立一套合理、具弹性与有效率的制度。

比如用人不当，造成不必要的内耗；比如财务制度有漏洞，让员工有损公肥私的机会；比如不重视安全生产，造成重大的人员伤亡事故等。

（7）在不恰当的时机创业

例如，冬天开空调机专卖店，受到产品淡季因素的影响，可能使你的创业生涯招致挫折。或者是创业不久就受到国家、地方新颁布的行业管理条例所限制，从而无法预期设想，造成资源浪费或无法经营。

（8）不了解国家的有关规定

国家有规定许多的行业是不能由私营业主经营的。也有一些行业原先允许经营，因政策改变而受影响，甚至会无限期对某个行业进行停业整顿等等，这些都要了解清楚。

2. 创业中的“二八”智慧

20% 的人找自己能干的项目，80% 的人找赚钱的项目。

20% 的人挑项目的毛病，80% 的人找项目的好处。

20% 的人看赚钱的门道，80% 的人相信赚钱的宣传。

20% 的人有极好的人缘，困难总有朋友相助，80% 的人真朋友少，困难时朋友都离散而去。

20% 的人轻松、自在，对自己的生活充满信心，80% 的人对前途迷茫，总是生活不顺。

20% 的人能摆平自己身边的问题，80% 的人总感到面对的困难太多，压力太大。

20% 的人认为做好工作再讲待遇，80% 的人认为给多少钱做多少事，天经地义。

20% 的人认为寻找机会最重要，80% 的人为钱发愁。

20% 的人按成功的经验做事，80% 的人按自己的意愿做事情。

20% 的人喜欢挑战，80% 的人害怕未知。

20% 的人困难时想办法化解，80% 的人害怕和逃避困难。

20% 的人面对机遇先想发展，20% 的人面对机遇先想利益。

20% 的人认为困难可以帮助学习、锻炼思维、增加能力，80% 的人困难时害怕影响业绩、减少收入、丢掉面子。

20% 的人想好了再干，80% 的人干起来再说。

20% 的人是边干边想，80% 的人干多少想。

20% 的人先调查再实行，80% 的人不调查，想当然地干。

20% 的人请亲朋好友当参谋，80% 的人“独断专行”拍脑袋决策。

20% 的人明白自己的长处、缺点，80% 的人不了解自己，要么老子天下第一，要么我不行。

20% 的人在问题中找答案，80% 的人在答案中找问题。

20% 的人是正面思考者，80% 的人是负面思考者。

20% 的人认为所做的事都是为自己，80% 的人认为所做的事是为别人。

20% 的人想我要怎么做就会有钱，80% 的人想有钱我会怎么做。

20% 的人坚信总会成功，80% 的人沉湎于失败。

20% 的人寻找失败的原因，80% 的人推卸失败的责任。

20% 的人把事做出效益，80% 的人做有效益的事。

20% 的人危难时挺身而出，80% 的人危难时无动于衷。

20% 的人明天的事今天做，80% 的人今天的事明天做。20% 的人先想亏损了怎么办，80% 的人想赚钱了怎么办？

20% 的人抓住一个项目就千方百计做销售，80% 的人总将着力点放在寻找赚钱项目上。

20% 的人可以重复做简单的事，80% 的人寻找新鲜、时髦、时尚的事做。

20% 的人专注如何办到，80% 的人担心办不到怎么办。

20% 的人是用钱买时间，80% 的人是用时间买钱。

20% 的人做事业，80% 的人做事情。

20% 的人重经验，80% 的人重学历。

20% 的人爱投资，80% 的人爱购物。

20% 的人总会将不多的钱拿一部分来让它生仔，80% 的人再高的收入也不够花销。

20% 的人有目标，80% 的人爱瞎想。

20% 的人特立独行，80% 随波逐流。

20% 的人放眼长远，80% 的人在乎眼前。

20% 的人把握机会，80% 的错失良机。

20%的人计划未来，80%的人早上才想今天干什么。

20%的人不放过今天，积极地向自己的目标推进，80%的人顺水推舟，寄希望于明天。

20%的人受成功人士的影响，80%的人受失败人士的影响。

20%的人习惯表扬和鼓励，80%的人习惯批评和指责。

20%的人用脖子以上的部位赚钱，80%的人是用脖子以下的部位赚钱。

20%的人会坚持，80%的爱放弃。

20%的人是富人，80%的人是穷人。

20%的人掌握世上80%的财富，80%的人掌握世上20%的财富。

20%的人靠笔记，80%的人靠记忆。

20%的人对消极的东西不闻不问，集中精力做自己认定的事，80%的人易受消极情绪影响，怨天尤人，骂世道不公。

20%的人勤于整理资料，80%的人从不整理资料。

20%的人改变自己，80%的人改变别人。

20%的人争气，80%的争面子。

20%的人平和、冷静，80%的人冲动、生气。

20%的人结交成功人士，80%的人看重身边的朋友。

3. 创业需要出奇制胜的新概念

创业是一个斗体力的活动，更是一个斗心力的活动。创业者的智谋，将在很大程度上决定其创业成败。尤其是在目前产品日益同质化，市场有限，竞争激烈的情况下，创业者不但要能够守正，更要有能力出奇。

人们都有好奇心，对新颖的东西总是充满了跃跃欲试的冲动，在商场上，要想比对手做得更出色，你就要出奇制胜，善于营造新颖概念，想到别人所想不到的，这样更容易成为大众的焦点。

奥普浴霸现在是国内浴室取暖产品的第一品牌。其创始人、杭州奥普电器有限公司董事长方杰，在 1993 年将浴霸产品引入中国的时候，国人尚没有在浴室吊顶的概念。方杰想了一个办法，将浴霸定位为时尚产品，并且专门针对那些二十来岁的漂亮姑娘进行营销。

方杰的说辞是：我是国外留学回来的海归派。在国外作为一个白领能不能在家洗个澡，是一个时髦的生活方式，是你家里面生活状态的一个标志。

海派小姑娘的标志就是崇洋媚外，瞧不起自己人，如果有任何东西能够将她们同周围土里土气的自己人区分开来，她们愿意付出任何代价。方杰就巧妙地利用了上海人的这种海派心理，将奥普浴霸在上海滩一炮打响。

林枫大学时读的是彩色树种植，很多人认为这个专业毕业后同农民差不了多少。但林枫的选择更出人意料，从北京毕业后回到浙江老家，承包了一个苗圃，扦插、嫁接，甚至用上了组织工程，大规模种植，专门进行日本红枫、美国红枫、黑橡胶树等进口彩色树的引种，效益惊人。

彩色树在园林绿化中起了“画龙点睛”作用，随着上海等各大城市广植绿化，打造色彩斑斓的城市绿化，不仅城市公园、大片绿地需要，住宅小区的绿化也缺不了它。甚至私家庭院对彩色树也孜孜以求。彩色树需求量扶摇直上，很卖得出价钱。林枫创业两年，资产已经数百万元。

而同样的是，李文一个刚毕业的大学生，求职时经历了种种艰难，正沮丧时，住在同一小区的张先生前来为自己的雌博美犬求偶，希望能与李文家的那只雄博美犬结成伴侣，共育佳儿，为此，张先生宁愿倒贴“彩礼”2000 元。

这件事让李文灵机一动：何不开家宠物配种店，当个动物“红娘”呢？于是他向父母贷款数万元，买回纯种的苏格兰牧羊犬、金毛犬、博美犬等种犬，每配一次种，价格从 2000 元到 6000 元不等，很快引来“凤求凰”。挖到第一桶金后，李文扩大了宠物店，增加了寄养、美容、销售宠物食品等业务，年赚百万元。

很多时候只要我们善于去发掘生活中的机会，善于抓住每一个灵感，就可以在一瞬间有所创新，把冷门变成热门，就可以为自己赢取利益。现在最能够让人发财致富的就是有一个善于出奇制胜的大脑，只有通过营造新颖概念才能出奇制胜，比别人更加成功。想他人所未想之事，走他人所未走之路，这正是成功人士的宝典。

人们可从事的行业很多，能给人带来巨大财富的行当在不同的时期也会有不同的内容，要想在每个时期都能找到属于自己的位置，就要善于另辟蹊径，更重要的是要有预见性。

美国有一家规模不大的缝纫机厂，在第二次世界大战中生意萧条，工厂主杰克看到战时百业俱凋，只有军火是个热门，而自己却与它无缘。于是，他把目光转向未来市场，他告诉儿子，缝纫机厂需要转产改行。

儿子问他：“改成什么？”

杰克说：“改成生产残废人用的小轮椅。”

儿子当时大惑不解，不过还是遵照父亲的意思办了。经过一番设备改造后，一批批小轮椅面世了。随着战争的结束，许多在战争中受伤致残的士兵和平民，纷纷购买小轮椅。杰克工厂的订货者盈门，该产品不但在本国畅销，连外国人也来购买。

杰克的儿子看到工厂生产规模不断扩大，财源滚滚，在满心欢喜之余，不禁又向其父请教：“战争即将结束，小轮椅如果继续大量生产，需要量可能已经不多。未来的几十年里，市场又会有什么需要呢？”

老杰克成竹在胸，反问儿子：“战争结束了，人们的想法是什么呢？”

“人们对战争已经厌恶透了，希望战后能过上安定美好的生活。”

杰克进一步指点儿子：“那么，美好的生活靠什么呢？要靠健康的身体。将来人们会把身体健康作为重要的追求目标。所以，我们要为生产健身器做好准备。”

于是，生产小轮椅的机械流水线，又被改造为生产健身器。最初几年，销售情况并不太好。这时老杰克已经去世，但是他的儿子坚信父亲的超前意识，仍然继续生产健身器。结果就在战后十多年左右，健身器开始走俏，不久便成为热门货。当时杰克健身器在美国只此一家，独领风骚。

老杰克之子根据市场需求，不断增加产品的品种和产量，扩大企业规模，终于使杰克家庭进入到亿万富翁的行列。

一个规模不大的缝纫机厂，在不到十年的时间内，就跻身进入了亿万富翁的行列，而从这个工厂的发展史中，可以知道，正是杰克另辟蹊径，很有远见地想出了新的致富路子，才取得了巨大的成功。

如今的社会更是一个处处都谈创新，处处都求创新的社会，很多行业都已经处处饱和了，现在的钱也越来越难挣，在有限的市场中怎样脱颖而出？或者在不景气的行业里怎样才能避免被淘汰的命运？这就需要活跃的思维，营造出新的概念，即使是最传统的行业也可以用不一样的思路去经营。

其实，营造新的概念，并不是一件多么困难的事情，有时候，往往一个细节的小小转变，就能营造出完全不一样的效果。

有一天，一个小职员向当时的董事长石坂提出了改变电扇颜色的建议。在当时，全世界的电扇都是黑色的，东芝公司生产的电扇自然也不例外。这个小职员建议把黑色改为彩色。这一建议引起了石坂董事长的重视。

经过研究，公司采纳了这个建议。第二年夏天东芝公司推出了一批浅蓝色电扇，大受顾客欢迎，市场上还掀起了一阵抢购热潮，几个月之内就卖出了几十万台。从此以后，在日本以及在全世界，电扇就不再都是一副统一的黑色面孔了。

只是稍稍地改变了一下颜色，大量积压滞销的电扇，几个月之内就销售了几十万台。这一改变颜色的创想，却带来了如此巨大的经济效益。

想起这条出路的人，既没有渊博的科技知识，也没有丰富的商业经验，为什么东芝公司其他的几万名职工就没人想到、没人提出来？为什么日本以及其他国家的成千上万的电气公司，以前都没人想到、没人提出来？

这显然是因为自有电扇以来都是黑色的。虽然谁也没有规定过电扇必须是黑色的，而彼此仿效，代代相袭，渐渐地就形成了一种惯例、一种传统，似乎电扇都只能是黑色的，不是黑色的就不称其为电扇。

正是这位小职员突发奇想，才让东芝公司出奇制胜。由此可见，营造新的概念有时候并不需要多么高深的知识，只要你能够善于打破思维定式，善于换一个角度思考问题，就一定可以做到创新。

出奇制胜，营造新的概念，已经不是一个新的口号了，它已经成为现代企业必不可少的一个理念，怎样创新，怎样打造于别人不同的新产品，都成为每个企业深深思考的问题，只要善于发现，就一定可以有不一样的概念出现，而社会也会因为这些不一样而变得更加丰富多彩。

4. 大学生创业者容易掉入什么陷阱？

大学“创业热”本身是一件新事好事，但也存在着误区。这些误区可能会以积极的姿态“捧杀”大学创业者，必须引起警惕。解决不客观认识，走出创业误区，对于创业成功与否至关重要。

（1）盲目乐观

由于青年人社会经验不足，常常盲目乐观，没有充足的心理准备。对于创业中的挫折和失败，许多人感到十分痛苦茫然，甚至沮丧消沉。看到的都是成功的例子，心态自然都是理想主义的。

其实，成功的背后还有更多的失败。看到成功，也看到失败，这才是真正的市场，也只有这样，才能使大学生创业者们变得更加理智。

（2）激情不是全部

激情是一种催化剂，它能调动创业的综合素质与各方面的潜能用于创业。但面对大学生而言，激情过多表现为创业的信誓旦旦与对创业前途持过于乐观的态度，这种创业心态主要表现为对创业项目可行性分析不够或不全面、不严谨，只从事物的一方面评价创业项目。这其中有很大部分大学生创业者都仅仅只是有一个想法，而没有实现这个想法可行性高的实施方案作为保证。

由于大学生基本没有工作经验，其在创业准备期决策所依的基本上都是个人通过书本与各种媒体所学的知识与信息，因为大学生在未进入社会参加工作之前，在其内心还没有建立一套个人经验判别体系，故在考察商机与项目时，往往只能停留在理论分析上，是故无法从各方面了解项目，在此情况下，我认为大学生朋友还是少喊口号为好，应该以冷静理性的心态面对创业机会与项目。

（3）爱幻想

许多年轻人对创业的理解还停留在仅有一个美妙想法与概念上，试图用一个自认为很新奇的创意来吸引投资。

这样的事以前在国外确实有过，但在今天这已经是几乎不可能的了。现在的投资人看重的是你的计划真正的技术含量有多高，在多大程度上是不可复制的，以及市场赢利的潜力有多大。

而对于这些，你必须有一整套细致周密的可行性论证与实施计划，决不是仅凭三言两语的一个主意就能让人家掏钱的。

（4）急于求成

缺乏市场意识及商业管理经验的缺乏，是影响成功创业的重要因素。学生们虽然掌握了一定的书本知识，但终究缺乏必要的实践能力和经营管理经验。此外，由于青年人对市场、营销等缺乏足够的认识，很难一下子胜任企业经理人的角色。

（5）市场观念较为淡薄

不少青年人很乐于向投资人大谈自己的技术如何领先与独特，却很少涉及这些技术或产品究竟会有多大的市场空间。

就算谈到市场的话题，他们也多半只会计划花钱做做广告而已，而对于诸如目标市场定位与营销手段组合这些重要方面，则全然没有概念。

其实，真正能引起投资人兴趣的并不一定是那些先进得不得了的东西，相反，那些技术含量一般但却能切中市场需求的产品或服务，常常会得到投资人的青睐。

同时，应该有非常明确的市场营销计划，能强有力地证明赢利的可能性。

（6）只见冰山一角

创业是一个系统工程，它要求创业者在企业定位、战略策划、产权关系、市场营销、生产组织、团队组建、财务体系等一系列领域有一定的知识积累，大学生有了好的项目或想法，只是代表“创业的长征路”刚跨出了一步，而在我们的大学生创业者中，认为凭一个好的想法与创意就代表一定能创业成功观念的人也不少，而在创业准备时对可能遇到的问题准备不充分或根本就没有思考对策与设计好退出机制，对来自各方面的反面因素浑然不知，而导致一开始便遇到各种各样的难题，使创业者还没有走出多远，即以失败告终。所以创业者不是全才，但要着眼于全才。

（7）找不清工作的核心

按现代企业制度组建的公司是一个以盈利为目的的组织。这是公司的定义，但可能很多人不以为然，以为现代公司是以客户为中心、是以社会价值为中心、是以产品质量为中心如此等等，这都是错误或有偏见的观念，因为一个企业如果能盈利，也就表明了它存在的价值（除了非守法的公司外）。

所以我们可以说，创业者的工作核心就是盈利，也就是增加收入，减少支出，这是创业者工作中的最高原则，是一个创业型企业生存与发展的基础。

但是调查发现，在很多大学生企业里，明显存在着因在公司核心原则上认识不足或不深刻，而导致的创业工作效率不高。

有的创业者很辛苦在工作，也的确是很执著，但因为他的工作与公司盈利有偏差而导致公司陷入困境。

（8）团队组建与协作精神

团队精神——这四个字也许是最平常最易懂的管理概念了，但由于大学生这一特定创业群体，一般为年龄在25岁以下的大学生，他们的社会与人生经验都不足，而且处于热血沸腾的感情阶段，个性化、自信力等都较强，所以在团队组建、团队分工、团队规则制度等诸多体现“人与人合作”的工作中，大学生创业者往往会出现“一人是龙、二人是虫”的情形。纵观当前时代发展趋势，社会分工越来越细，越来越专业化，任何创业者想依靠单打独斗而胜利的可能性已降得很低。在实际工作中，大学生常常会出现以己为主、刚愎自用等不利于合作创业的情形。

(9) **犯错与改正**

一次营销决策失误、一次小型财务危机抑或是一次上门推销失败，都有可能成为大学生创业路途中的绊脚石，都会在一定程度上打击没有打创业持久战的大学生创业者，让他们在心理上元气大伤。

其实大学生要正确看待创业过程中遇到的问题与麻烦，这是十分正常不过的现象，我们只要在犯错后迅速改正，或多请教别人的意见与建议，一定会吃一堑长一智，要善于在交了犯错误的“成本”后，我们要善于分析与总结，要学会从失败中找到自己的弱点与不足，并加以改正。

5. 你将选择什么样的赢利模式？

商业模式 = 运营模式 + 业务模式 + 赢利模式，运营模式指企业整合其内部或外部可获得资源以达到经营高效，成本节约，风险降低的手段、方式；业务模式指企业创造客户价值或满足客户需求的手段、方式；赢利模式则指企业利润获取的手段、方式。

其实，所谓商业模式创新无非就是针对商业模式构成中的一种或几种模式的创新。运营模式连通成本整合，业务模式连通价值创造，赢利模式连通利润获取。

成本、价值、利润，任何企业运作无非是围绕这三者进行，效率、成本、风险，此三者是企业运营模式解决的问题，当然它们之间也存在着一定的相关性。

赢利模式分为内外两个部分：外部称之为机会、市场、趋势、消费者的变化；内部称之为能力，是企业固有属性、资产、软实力、经验等等。

找到企业匹配的赢利模式设计和管理，就要从三方面思考并执行。

第一，行业属性。

进行企业赢利模式设计，就要分析企业产品的赢利空间、成本结构，更直接的理解就是要分析企业的资产结构，弄清资产结构决定企业赢利能力的途径，找到企业赢利管理的出发点与核心点。

而行业属性的不同，投资结构就会不同，这就会带来成本结构的不同，这些决定了需要消化的直接成本和固定成本。在这里你需要很好地测算你的成本动态。这里的固定成本，不仅包括固定资产投资也包括相对固定的费用支出（如：房租、管理人员等）。

因此，你站在什么起始点上很重要！这就是赢利核心点，就是你所发现的正确道路。

第二，就是围绕赢利点设计赢利模式。

我们要强化围绕赢利点来设计战略步骤、营销方式和管理关注点，有机地将行业属性与企业战略、财务、营销相结合；并围绕此核心点展开，不要使方法之间产生对冲，保证在正确的道路上摆动。这样才能有效地将企业优势彻底发挥出来，从而避开高风险的打击。

第三，要设计运营步骤，并保证做到。

我们经常在企业管理中发现，很多方案、计划都没能做到；大部分都是因为我们忽视了设计行动步骤的重要性。而且，因为方案没能做到，我们就会怀疑做错了，设计错了，这就带来了更大的迷茫，脱离了正确的方向。

所以，好的设计方案很重要，而坚决的执行力才是方案成功的保障。怕麻烦做事，想抄近路，只能导致失败。而坚决的执行力是要有清晰准确的行动步骤，并不断检查是否做到。从而保证在正确道路上持续努力。

有这样一个故事：一只猴子从一个岩石的间隙中看到在岩石那边有一棵果树，于是拼命想从岩石狭小的间隙中钻过去。因为劳累和饥饿，猴子瘦了，在第 3 天时，它竟然很轻松地钻了过去，并美美地吃上了果子。等树上的果子全部吃完后，猴子准备继续寻找食物，可因为太饱，它又钻不出来了。

如果对于猴子来说，岩石那边的果实是它渴求的利润，它该怎么做呢?它完全可以选择这样的赢利模式：在自己辛苦钻过去后，把果子先搬到岩石的那一边，然后再钻出来，边吃边寻找下一棵果树；他也可以叫一个小一点的猴子钻过间隙，把果子运出来一起分享。寻找到了赢利模式，结果就会天壤之别。

下面是最常见的 8 种赢利模式，或许可以帮助一些创业者走出困境。

（1）鱼印鱼模式

找到与大行业或者大企业的共同利益，主动结盟，将强大竞争对手转化为依存伙伴，借船出海，借梯登高，以达到争取利润的第一目标并使企业快速壮大。

在大海之中，鲨鱼是一个十分凶狠的家伙，非常不好相处，许多鱼类都是它们的攻击目标，但有一种小鱼却能与鲨鱼共游，鲨鱼非但不吃它，相反倒为它供食，这种鱼就是鱼印鱼。

鱼印鱼的生存方式，就是依附于鲨鱼，鲨鱼到哪儿它就跟到哪儿。

当鲨鱼猎食时，跟着吃一些残羹冷炙，同时，因为它还会为鲨鱼驱除身体上的寄生虫，所以鲨鱼不但不反感它，反而十分感激它。因为有鲨鱼的保护，所以鱼印鱼的处境十分安全，没有鱼类敢攻击它，能够攻击它。

弱者借助强者生存，不但是智慧的，而且是有效的。

（2）专业化模式

专业化的意思就是专精一门，也就是俗话说的“一招鲜，吃遍天”。在这样一个诱惑多多的年代，要静下心来，专精一门是不容易的，要不然就不会有几年来“多元化”在国内企业界的甚嚣尘上了。

（3）利润乘数模式

借助已经广为市场认同的形象或概念进行包装生产，可以产生良好的效益，这种方式类似于做乘法。

利润乘数模式是一种强有力的赢利机器。关键是你如何对你所选择的形象或概念的商业价值进行正确的判断。

你需要寻找的是这样一种东西，它的商业价值是个正数，而且大于1，否则，这种东西就不但对你毫无意义，反而会对你造成伤害。

（4）独创产品模式

这里的独创产品是指具有非同一般的生产工艺、配方、原料、核心技术，又有长期市场需求的产品。

鉴于该模式的独占性原则，掌握它的企业将获得相当高的利润。比如祖传秘方、进入难度很大的新产品等。

(5) **策略跟进模式**

策略跟进即强者跟随，与“跟风”的盲目性、哪里热闹就往哪里钻不同。策略跟进需要经营者对自己做出正确评估，并分析清楚自己的优势、劣势之后，对未来走向做出判断。

(6) **配电盘模式**

配电盘模式说白了就是吸引供应商和消费群两方面的关注目光，而为供货商和消费者两方面提供沟通渠道或交易平台的中介企业从中获取不断升值的利润。

但这个模式对于操作者来说要求很高，而且前期的投入成本很大，风险也很高。

(7) **产品金字塔模式**

为了满足不同客户对产品风格、颜色等方面的不同偏好以及个人收入上的差异化因素，从而达到客户群和市场拥有量的最大化，一些企业不断推出高、中、低各个档次的产品，从而形成产品金字塔，在塔的底部，是低价位、大批量的产品，靠薄利多销赚取利润；在塔的顶部，是高价位、小批量的产品，靠精益求精获取超额利润。

(8) **战略领先模式**

起步领先不代表永远领先，不能确保你永远赢利。因为马上就会有后来者参与激烈的竞争。所以适时改变你的竞争策略，由一个静态到一个动态的飞跃，可以确保你从起步时的飞跃领先到战略上的始终领跑，使你的利润源源不断。

6. 开店选址要“眼观八方”

对于想创业、但又没有雄厚的资金、没有足够的经验的大学生来说，开家小店是个不错的选择。要把一家小店真正开起来，投资者要作出很多的选择。开店选址是一家店铺得以生存并有机会发展壮大的关键因素，选址做不好很可能造成店铺无法生存的尴尬局面，为投资开店的店主造成比较大的经济损失。

所以，对于每一个开店的创业者来说，必须要充分重视选址的重要性，充分考虑各种因素，慎重决策。在选址的问题上，其实也是有规律可循的，下面我们也总结了一些技巧供大家参考。

（1）店面结构

店面结构需要从两方面评估：地理位置和竞争角度。

从地理位置评估一个店址，应该看它从地理位置出发，属于商业中心型、准商业中心型、郊外型和居民小区型四类中的哪一类。再根据连锁店本身的性质来评估店址的优劣

①商业中心型店址

位于全市性的繁华商业区，这里各类商业、娱乐、服务设施林立，人流、车流度最大，店址的辐射力强，商圈范围也比较广泛。此类店址适合于各类连锁专卖店的开设。

②准商业中心型店址

位于地区性商业中心，有重要的交通干线相联结，顾客流量较全市性商业中心少，尤其是流动顾客数量很少，此类店址适合于食品、日用商品和各

类专卖店的连锁经营。

③郊外型店址

是随着城市人口的外迁而设立的店址，其顾客少但固定，经营成本最低。

④居民小区型店址

位于大型居民集中居住区内，为小区生活配套设施。此店址最适合于食品、日用生活品等连锁商店的经营。

另一方面，需要从竞争的角度出发，看店址属于竞争型店址和孤立型店址两类中的哪一类。

①竞争型店址

指同一商圈内有竞争对手存在。竞争对手有两类：一是同类连锁商店，来自这类对手的竞争压力可谓最大；二是与本店有经营交叉的商店，如百货店、食品店、蔬菜店等。

②孤立型店址

正好与竞争型店址相对，商圈内没有上述两类竞争对手存在。上述各类型店址各有利弊，如租金低的地段客流少，而客流多的地段房产价格又极其昂贵；竞争对手少的地段往往缺乏商业吸引力，而商业吸收力大的地段又总是拥挤着众多的竞争者，且觅得合适的店址非常困难。

（2）交通状况

仅仅作出了店址的区域位置等店面结构选择还不够，因为在同一个区域内，一个连锁店铺可能会有好几个开设地点可供选择，但有些地点对某个连锁店来说，是百分之百好的开设地点，而对另一种连锁店来说，就不一定是最满意的开设地点。

因此，一个新设连锁店在做好区域位置选择以后，还要切实考虑多种影响和制约因素，作出具体设计地点的选择。

交通条件是影响连锁店铺选择开设地点的一个重要因素，它决定了企业经营的顺利开展和顾客购买行为的顺利实现。

从企业经营的角度来看，对交通条件的评估主要有以下两个方面在开设地点或附近，是否有足够的停车场所可以利用。绝大多数购物中心设计的停车场所与售货场所的一般比率为4:1。规模较大的连锁店必须有专用汽车停车场，面积较小的连锁店可以不设专用停车场，但必须有自行车、三轮车停车场地。连锁店铺根据需要作出选择。

商品运至连锁店是否容易。这就要考虑可供连锁店利用的运输动脉能适应货运量的要求并便于装卸，否则当运货费用明显上升的情况下，会直接影响到经济效益的发挥。

为方便顾客购买，促进购买行为的顺利实现，对交通条件要作如下具体分析设在边沿区商业中心的连锁店，要分析与车站、码头的距离和方向。

一般距离越近，客流越多，购买越方便。开设地点还要考虑客流来去方向而定，如选在面向车站、码头的位置，以下车、船的客流为主；选在邻近市内公共车站的位置，则以上车的客流为主。

设在市内公共汽车站附近的连锁店，要分析公共车站的性质，是中途站还是始终站，是主要停车站还是一般停车站。一般来说，主要停车站客流量大，连锁店可以吸引的潜在顾客较多。中途站与始终站的客流量无统一规律，有的中途站多于始终站，有的始终站多于中途站。

要分析市场交通管理状况所引起的有利与不利条件。如单行线街道，禁止车辆通行街道，与人行横道距离较远，都会造成客流量在一定程度的减少。

（3）竞争环境

商店周围的竞争情况对零售经营的成败产生巨大影响，因此对商店开设地点的选择时必须要分析竞争对手。一般来说，在开设地点附近如果竞争对手众多，商店经营独具特色，将会吸引大量的客流，促进销售增长，增强店誉，否则与竞争对手相邻而设，将难似获得发展。

当然，作为零售店铺的地点还是尽量选择在商店相对集中且有发展前景的地方，这对经营选购性商品的商店尤其如此。

另外，当店址周围的商店类型协调并存，形成相关商店群，往往对经营产生积极影响，如经营相互补充类商品的商店相邻而设，在方便顾客的基础上，扩大了各自的销售。

(4) 顾客流量

商铺收益最终决定于人流量。真正支撑商铺的是固定人流，其次是流动人流、客运流（公交、地铁站）。把店铺开在著名连锁店或强势品牌店的附近，甚至可以开在它的旁边，不仅可省去考察市场的时间和精力，还可以借助它们的品牌效应招揽顾客。

好的位置虽然不是绝对的，但却有很多共性，如人口流动性大、交通方便等。

根据人气选址开店，可粗略分为两种：一种开在人来人往的闹市口，一种开在居民小区。前者因为和大店做邻居，商品特色显得更为重要，应该找大店所没有的东西来做。经营这样的小店，一定要把市场做专做深做透。

开在闹市的小店，不妨经营能迎合年轻人口味的商品，因为年轻人是最喜欢逛街的。相反，经营老年人用品的小店应开在居民小区里，那是老年人的活动范围，就近购买当然受他们欢迎。

(5) 店面成本

店面成本包括很多方面，具体来讲，主要需要考虑以下几个方面：建筑物的新旧程序与装修成本，房地产价格与利用方式、利用期限，搬迁补偿费，水电增容费，有无城建规划限制等。

房地产价格与利用方式、利用期限。这是所有项目中最重要的一项。利用方式大致有四种：一是租房；二是买房；三是买房地产；四是买地盖房。

此外，还可能通过联营、合作搞房地产、兼并等方式进行。因此，是否要拥有产权这一问题就变得非常突出。拥有产权，一次性投入大，但不会受租用期限和房地产涨价的限制，不用担心契约到期后不能续签造成的停业或迁址，而且还可享受房地产增值带来的利益，提高消化费用上升的能力和银行贷款能力。

房地产价格对销售价格、投资回收期影响直接，而付款方式也会对实际价格产生影响，这些因素均应作具体的定量测算。

搬迁补偿费。包括原有职工安置费。

有无城建规划限制指有无良好的水电、下水道、暖气等条件；是否位于规划红线之外；有无绿地限制；能否加盖临时建筑等。

（6）发展趋势

对店址发展趋势的评估其实就是要分析城市规划。商店的开设地点选择要分析城市建设的规划，既包括短期规划，又包括长期规划。

有的地点从当前分析是最佳位置，但随着城市的改造和发展将会出现新的变化而不适合设店；反之，有些地点从当前来看不是理想的开设地点，但从规划前景看会成为有发展前途的新的商业中心区。

因此，零售经营者必须从长考虑，在了解地区内的交通、街道、市政、绿化、公共设施、住宅及其他建设或改造项目的规划的前提下，作出最佳地点的选择。

最后，还要对商店未来效益进行评估，主要包括平均每天经过的人数；来店光顾的人数比例；光顾顾客中购物者的比例；每笔交易的平均购买量等。于是，零售经营者就可做出商店的开设地点和商店设置后开业的决策了。

7. 理性分析80后创业者的不足

没有20世纪50年代的苦难、60年代的动荡、70年代的包袱，从某种程度上来说，出生于改革开放风云际会之时的80后都有一些欣欣向荣的精神特质：自我、执著、狂热、不循规蹈矩、敢作敢为。因此，也被看多了大场面的长辈们习惯性的贴上幼稚、骄纵、享乐、浮躁、桀骜不驯等标签。

反思也许是80后创业者最需要的一种思考方式，时常看看镜子里的自己，然后对照现实与理想间的距离。

他们创业大多源于冲动，这种冲劲使他们很快抓住商机，但在企业正常运营中，冲动要被适当控制；他们谦虚、民主，但过分民主就会让领导力大打折扣；他们强调活学活用，但什么该学，什么不该学。

现在80后注定难以成为商业的中坚力量，这也是不可抗拒的现实存在。只有失败的教训才是深刻的，才有含金量。

在这个群体中，只有那些用时间来换取到成长空间的人，才会最终到达巅峰的顶点；更多人，则是在中途，便黯然陨落了。

大起大落又超级崛起的史玉柱曾表示："只有失败的教训才是深刻的，才有含金量。"

那么，从80后创业者群体身上，我们能得到哪些有含金量的启示呢？

（1）名大于实

一些创业者过度包装的痕迹一览无余。综合所有倒下的80后创业者和创业项目，其中一个很重要的共同点，就是创始人没有一个踏踏实实的、计划做一辈子事业的心态。

这其中，在董思阳身上体现的尤为明显——其只是一些幕后的手所包装出来的一个神话泡沫而已。

这是一个呼唤英雄和标杆的时代，更是一个需要题材的时代，所以刚刚崭露头角的80后创业者，很容易成为媒体乃至政界所关注的新星。但当泡沫戳破，神话主角现出原形时，其脆弱和幼稚却又令人叹息。

（2）不够专注

绝大部分倒下的创业者，几乎都犯过战略摇摆的错误。得益于新经济的兴起，互联网提供了无限的可能。

头脑灵活的80后创业者，在饥不择食的情况，很容易陷入跟风的误区。

web2.0兴起了，他们挂上2.0的标签；

sns兴起了，他们套上交友的概念；

博客兴盛了，他们立马杀进去；

视频崛起了，他们毅然蠢蠢欲动……

谁都知道，他们可能跟的不是风，是寂寞。可问题是，成功者大多是寂寞的。现在大凡有点成绩的标杆公司，哪个不是坚持了10年以上？而其中有些公司，到了第9年，还依旧是一个被人质疑的寂寞的主。

（3）赌徒心态

20个世纪里胆大的暴发户给后代留下的影响足够的深远，所以现在很多创业者都是有大胆量的人。

而且，伴随着时代的进步和vc的活跃，一种新的急功近利的赌徒心态开始在创业者心中蔓延。不少人以赌徒的心态，把能够忽悠到投资者的银子，作为自己的终极追求。在此种心态下，企业能够做好，反倒成了一个奇迹。

（4）战略失当

很多80后创业者对“下海”的困难估计不足，未能做好充分的准备，便进入了不该进入的市场。

在考虑市场进入时，一般应该注意三点：

第一，市场的空间容量和商业价值应该足够大；

第二，能够形成先发优势和壁垒，以维持行业前三的地位；

第三，警惕强大的巨头在虎视眈眈的等待市场培育者，以便其实行后来居上的追赶战略。

（5）缺乏愿景

愿景从某种意义上来说，即是画饼。低级的愿景给内部人画利益的饼，高级的愿景让消费者引起共鸣乃至崇拜的饼。

到目前为止，很少听说过有哪个失败的80后创业者能将自己企业愿景很简单明晰地广为传播。在这个方面，大公司做出了榜样。

如谷歌的使命是："整合全球信息，使人人皆可访问并从中受益。"

而阿里巴巴的则通俗地说："让天下没有难做的生意。"

这些公司的口号很洪亮，理想也足够高远和纯粹，能够很自然的凝聚人心——不管是内部还是外部。

（6）没有文化

组织文化的最高境界是宗教，即通过控制和同化人的思想，最终形成万众一心、排山倒海的战斗力。

所以，我们会看到一些很有名的公司总是年复一年的做一些外人看起来很奇怪的事情，比如说经常喊口号，和搞一些很奇怪的集体活动，而且乐此不疲。

但文化的最终形成，有赖于企业核心的价值观作为凝聚力和纽带。而现在多数的80后创业者并没有提炼出真正的价值观，更谈不上培育出合适的文化了。

没有核心价值观和文化的公司，最终不过一盘散沙而已。

树倒了，猢狲立马就会散架。

（7）商业模式

企业能够长久存在的首要前提是有利润的产生，即赚钱，这是一个很现实的问题。但现在多数创业者走的是一条烧钱的路，一直没搞清楚赚钱的方向在哪里。

一个能够运转起来的商业模式，对于一个企业的重要性，无论怎么说，都不为过。多数80后创业者与投资者闹翻，甚至最终倒下，最重要的因素还是因为一个钱字——钱的背后，则是商业模式的迷茫。

其实，哪怕是一块钱的赢利，都应该被企业列为最优先实现的目标。有赢利，代表着企业尚有一口气在喘息着。而在这个残酷的竞争世界中，还能喘气的公司，就代表着未来坚持的胜算。

总结出来，80后创业者失利的原因还有很多。80后经历的这些，或多或少，都是前辈们经历过的。

所以创业者的偶像马云说，“男人的胸怀是被委屈撑大的”——这话对女性也通用。

新东方教育科技集团董事长俞敏洪也教诲：“追求的成功，是一种心态上的成功。我把它比喻成是摔倒了爬起来的精神。你摔倒了一次两次，最后你就爬不起来了，你就是躺在地上的一条虫；如果你摔倒了一万次，一万零一次还可以爬起来往前走，你就是一条龙，就是顶天立地的英雄。”

确实，与前辈们相比，80后不够成熟。这也导致了其身上的优点很容易成为创业过程中的最大阻力。

想做英雄的80后创业者，大可不必被一时的失利吓趴下，在社会大变革的时期，正是英雄横空出世之时，我们毫不怀疑的是，在商业领域，80后一定会如先辈们一样，在社会的熔炉中百炼成钢，成长为新一代的领军者。

8. 警惕走进加盟连锁的“创富神话”

“放心吧，保您一年净赚20万！”“加盟我们品牌的，没有失败的！”“营销指南、全程辅导，保你轻松盈利！”小田轻信了厂家的花言巧语，实际情况怎么样呢？口头承诺和实际情况差远了。收了加盟费，就任由小田自生自灭，偶尔的指导也是走走形式，根本解决不了实质问题。

“轻松获利”“创富神话”是很多加盟连锁商的广告语，也引得无数有创业梦想的人们趋之若鹜。

但是打了水漂都没听着响儿的战败故事也常不绝于耳。加盟路上荆棘丛生，“十人打拼九人亏”并非危言耸听。

刘老板加盟某特许品牌已经一年多了，可生意就是不见起色。向厂家请教，答复还是那句话：“看看样板店的成功吧，适应期过去就好了。”入不敷出，老本赔得精光，刘老板一脸晦气。为何人家样板店就那么红火，自己经营起来就半死不活的呢？

样板是商家花大价钱包装出来的，为的就是让你心动。商家力推的样板店，往往是投入大量人、财、物之后，才出现盈利局面，并不具备可复制性。暗中考察、多跑几家加盟店是不错的方法。

胡老板加盟北京一家饰品公司以后，才一个月，两万多元的投资就收回了一半，乐得让他嘴都合不上。

可转眼没几天，醒目的“店面转让”就贴上了玻璃窗，干不下去了。原来该公司根本就没什么信用，发货不及时，十天半月上不了架，开张两个月的小店就这么“断奶”了，胡老板顿时傻眼了。

面对诱惑和商机，该如何绕过误区，觅得蹊径，进而成功？里面实在是有门道可循。任何项目都有机会，也有风险。投资前，务必仔细调查内因、外因。对未来的经营之道，更要了然于心。

（1）亲自到厂家走一趟是最有效的试金石

考察公司厂房、设备、公司制度、工作流程等，从侧面打听该公司的口碑和信用情况；看厂家的经营现状、经济实力、诚信度以及产品功能等，是否和宣传的一样；认真验证企业的“三证”的真伪，验看原件。

营业执照。没有营业执照，项目再好也不能合作。看是否超范围经营、颁发时间以及有无年审记录，这关系到执照是否有效。

还必须查看企业法人代表的身份证与营业执照的法人代表是否一致，避免承包人或者借证经营者猛捞一把后，公司消失。

代码证。代码证即企业的身份证，是在国家技术监督局登记备案的法律证明。

税务登记证。有税务登记证，才能证明对方正规合法经营。

三证缺一不可，否则可能是“皮包公司”，出了问题无处可寻。另外，如果涉及专利产品，还要验证专利的真伪，不能轻信复印件，专利申请号没有参考价值。

可登录国家知识产权网站，如果能查到的，就是真实的，否则不是。查看企业究竟是不是该项专利技术的专利权人。专利属性一定要与产品匹配，如果专利有批量的产品作保证，风险会大大降低。

（2）精心调查，防患于未然

所有寄希望于连锁加盟稳健投资创业的人们，到发现受骗上当之后，再诅咒、痛恨、恨不得杀了那些做局坑蒙拐骗自己的招商盟主/连锁总部，无异于与虎谋皮，或者以卵击石，少有成功的。

许多通过官司、举报等赢得“胜利”“正义”，绝大多数也是赢了官司丢了钱、耗尽了精力、荒废了事业，空洞无物的“胜利”，所谓“迟到的正义”早已经变为“非正义”。

因此，在进入任何行业之前，先弄清这个行业可能存在的风险和猫腻，调查明白各家的信誉、实力，将恶名早已在外的招商盟主/连锁总部排除在选择之外，实在是太重要了。

如果自己不具备调查的实力，可以向专家、学者或国家相关行业和监管执法部门咨询，借助外部力量保护自身合法的连锁加盟投资权益。

（3）别轻信招商盟主/连锁总部的意向书、格式合同

大多数招商盟主/连锁总部都聘请或组建了专职甚至庞大的律师团队，但希望通过投资连锁加盟店创业的人们，请千万别轻信招商盟主/连锁总部的法律服务会公正地帮助你们，无论从道义和法律的角度，他们都没有这个必要和义务维护您连锁加盟合法的正当权益。

许多因此招商盟主/连锁总部不仅通过事先拟订的格式合同最大限度地确保其主导地位和各项权益，更通过事先拟订的格式合同制造合同陷阱、逃避法律责任。

基本上所有的招商盟主/连锁总部和大小投资人在正式签订《连锁加盟合同》之前，都会同投资人签订所谓的《连锁加盟意向书》，就像媒体大量曝光房地产商用《购房意向书》单边、霸道、不对等地套牢购房者一样，招商盟主/连锁总部也会用所谓的《连锁加盟意向书》单边、霸道、不对等地套牢大小投资人。

许多投资连锁加盟产业的投资人，因为创业心切、经验不足、心存侥幸、太过信任招商盟主/连锁总部和招商人员的口头承诺，轻率地在《连锁加盟意向书》上签字并支付不菲的意向金，到发现上当不妥或发现该连锁加盟项目不适合自己的时候，想讨回意向金基本上是不可能了。

不少招商盟主/连锁总部会以种种理由没收签订《连锁加盟意向书》投资加盟客户的意向金，这可是那些招商盟主/连锁总部不小的纯利润啊，也是您作为投资加盟意向客户的净损失。

因此，更别轻信招商盟主/连锁总部的格式合同，而且要看清合同条文、避免合同陷阱。发现不妥当、有争议的合同条文，该反对的反对，该修改的修改，该删除的删除，一定要本着对自己身家性命和全家幸福负责任的态度对待合同条款。

在弱肉强食的连锁加盟市场，投资加盟客户自己不保护自己的利益，谁还能保护您的利益呢？

（4）聘请律师和专家把关合同条文、避免合同陷阱

在进行这项关系您事业成败乃至全家幸福的连锁加盟投资之时，您聘请一两位信得过的律师和连锁加盟行业资深专家随行是很有必要的，别害怕付出看似昂贵的律师费和连锁加盟专家咨询费，如果把这两项费用和您期望获得的连锁加盟店铺经营利益或您期望避免遭受连锁加盟店铺经营的风险损失相比，实在是九牛一毛。

加盟者应当注意积极防范非法连锁加盟招商骗局的风险；同时，也引起各家正常招商单位的反思，呼吁连锁加盟业倡导社会诚信，以避免蒙受那些诈骗集团招数的影响，不明不白落下坏名声。

当然，泥沙俱下的时候，也有闪光的珍珠，所有希望通过投身连锁加盟事业的创业者、投资人，想从泥沙中才能淘得珍珠、而且是晶莹剔透的大珍珠，就不得不睁大眼睛看过清清楚楚、明明白白、真真切切。

想成为扛着别人牌子赚钱营生的加盟商、大小投资者，是心甘情愿地将自己命运捆绑到选定的盟主身上？还是实地考察之后，根据市场调研、项目分析、自身实力和资金状况，省掉加盟费自立门户、自主命运，真的需要认真仔细地权衡。

否则，看着盟主企业赚得盆满钵满、欢天喜地盖高楼、花天酒地销金窟，原来加盟商、大小投资者帮助盟主创业成功，才发现自己做了天底下最傻最瓜的冤大头，到那时再后悔反思如何不值得，早已经来不及了。

9. 从灵感里面挖金矿

灵感，是创业的灵魂所在。很多人会想，这个年代能做的事都被别人捷足先登了，生意越来越难做。一个新企业诞生往往是伴随一种灵感或创意而开始的。当许多人还在为没资金、没技术而大伤脑筋时，有那么一群梦想家，凭着敏锐的市场嗅觉和新奇的商业创意，从普通创业者摇身变成了日进斗金的创业家。

第一家网络书店 Amazon、第一个搜索引擎网站 Yahoo、这些成功案例使“概念创业”浮出水面，让越来越多的创业者意识到，一个一闪即逝的灵感，也能成为梦开始的地方。

何谓概念创业?

概念创业，顾名思义就是凭借创意、点子、想法创业。当然，这些创业概念必须标新立异，至少在打算进入的行业或领域是个创举，只有这样，才能抢占市场先机，才能吸引风险投资商的眼球。

同时，这些超常规的想法还必须具有可操作性，而非天方夜谭。概念创业适合本身没有很多资源的创业者，需要通过独特的创意来获得各种资源，包括资金、人才等。

概念创业有哪些类型?

在创业者看来，概念创业由于涉及创意、想法等，因此觉得有些虚无缥缈，甚至认为是无从入手。

其实，概念创业只是一种全新的提法，而作为创业模式，早就在许多创业成功案例中存在着。

下面通过概念创业的四大类型，来一探其“庐山真面目”。

（1）异想天开型

法国人贝利用自己独特的想法改变了旧报纸的命运。在贝利看来，每个人对自己的生日都很敏感，希望收到特别的礼物，而鲜花、蛋糕等传统礼物，由于其短暂性和普遍性，无法很好地体现生日的特殊性。

于是，他创立了一家“历史报纸档案公司”，把旧报纸当成礼品，出售给生日日期与报纸出版日期相同者。

从表面上看，贝利卖的只是一个“日子”，但却抓住人们追求个性化的心理，同时也抓住了独特的商机。如今，贝利每年可卖出25万份旧报纸。

异想天开中蕴藏着诸多的成功机会，飞机的发明源于福特兄弟“人类也能像鸟一样飞翔”的想法，大卫·H·克罗克的离奇想法则造就了“会飞的邮件”即电子邮件。创业也是如此，奇特的创意有时也能成为一种创业资本，有着剑走偏锋的神奇作用。

当然，与众不同的创意，在创业初始会受到怀疑甚至嘲弄，禁不起考验的就会如昙花一现，而那些坚持下来并积极把想法转化成实际者，往往有着抢占先机的优势。

（2）问题解决型

马利特目前从事消毒牛奶瓶生意，他的创业灵感来自一次郊游。马利特夫妇带孩子出游，给孩子喂食时发现没带奶瓶。他们从附近商店买了一只奶瓶，却无法对奶瓶进行消毒，制造消毒奶瓶的念头由此闪现。

经过艰难的研发，马利特于2000年推出一种可回收的消毒奶瓶。产品一上市便大受欢迎，仅英国和美国两地，年销售量就超过400万个。

每个人在日常生活中都会碰到或大或小的恼人问题，有人埋怨几声就息事宁人，有人则从自身经历或朋友的困境中发现商机。

例如，晚上遛狗时差点给车撞了，由此推出宠物反光衣；发现孩子不会用大人的吸管，就开始生产弯曲吸管等。

这一类型的创业者如能一针见血抓到问题所在，并且脑筋急转弯，想出解决问题的妙方，成功概率极高，当然问题必须带有一定的普遍性。

（3）异业复制型

马化腾原本只是一个“超级网虫”，如今却拥有了一家注册用户超过2亿的网络服务公司，如此巨大的转变只是源于突发奇想：在网上“寻呼”朋友。

这就是如今最流行的通讯方式即QQ，它的功能就如日常生活中的寻呼机，但以网络为载体，使用起来更方便，而且可漫游全球各地，因此被形象地称为“网络寻呼机”。一个“拷贝”过来的想法，改变了上亿人的沟通习惯，引领了一种新的网络文化，更创造了一种新的营利模式。

创业成功者未必都是新领域中第一个“吃螃蟹”的人，有时他们的创业想法来自成熟领域，只是在某些方面进行了创新。

如果你不是点子王，但很会举一反三，联想力丰富，那么不妨试着把一个行业的原创概念复制到另一个行业。

异业复制的好处是有范本可循，不必瞎摸索，但不同行业的经营模式能否移花接木得浑然天成，则是对创业者智慧的考验。

（4）国外移植型

广州东利行公司与腾讯公司签署了为期7年的QQ形象标志有偿使用协议，当时许多人都怀疑，一只戴着红领巾的小企鹅能带来多大的利润。“东利行”总经理贺志军却从美国迪斯尼公司的成功中看出了商机：QQ的注册用户超过8600万，用户以年轻人为主，他们对时尚产品的购买力极强。

于是，“东利行”提出“Q人类Q生活”的卡通时尚生活概念，开发漫画、精品玩具、手表、服饰、包袋等10大类约1000种带QQ企鹅标志的产品，并在全国各地开设了100多家连锁店。

“东利行”的创意源于全球闻名的迪斯尼公司。米老鼠、唐老鸭、白雪公主等卡通形象，已成为迪斯尼公司取之不尽的财源。“东利行”正是移植了“迪斯尼”的创业思路和赢利模式。

如果你经常出国旅游或浏览国外资讯，见多识广，洞察力强，那么不妨把国外的新鲜点子搬回来。这是最便捷的创业方式，有成熟的模式，但需注意文化差异，要对国外的创业概念进行本土化改造，以免好点子水土不服。

一个点子就能造就一个企业，概念创业有时的确有着四两拨千斤的神奇作用。但成百上千的想法，难以计数的灵感，就像沙子一样，创业者如何才能从中淘出金子般的创业设想？要把概念变为金矿，必须要经过两个重要步骤。

①严谨分析

创业者应对创业点子进行冷静而细致的分析，了解清楚自己的创意是否独具匠心，有没有强大的市场需求，是否具有可操作性，在推行过程中有无防止“克卤的保护措施”……在此基础上确定最有发展前途和风险相对较小的创业方案。

②多方咨询

任何梦想的实现都需要实实在在的实施，并且需要依靠许多外部条件。因此，概念创业者行动前最好多听听各方面的意见和建议，如成功的创业者、风险投资家、创业咨询机构等，他们提供的宝贵经验和专业指导，往往能起到点石成金的作用。

对有意尝试概念创业者，胡利伟提醒，创业需要创意，但创意不等同于创业。创业需要技术、资金、人才、市场经验、管理等各种因素，如果仅凭着点子贸然去创业，是行不通的。以 IT 创业为例，不少人认为就是几个年轻人，一个创意，一个专利技术，一笔风险投资，占一片市场，弄到股市上，然后一夜暴富。其实，IT 创业过程非常复杂，从创意构想，到筹集资金、设计研发、市场推广等，需要经历无数环节，其中任何一个环节出现问题，都可能导致创业失败。

10. 创业中的团队塑造与管理

当你终于艰难地作出了决定，“我要去创业”，而且你已经有了切入市场的产品后，你最重要的任务就是建立起一个共同创业的团队。

在硅谷流传这样一个规则：有两个哈佛 MBA 和 MIT 的博士组成的创业团队几乎就是获得风险投资人青睐的保证。当然这只是一个故事而已，但是我们可以看到一个优势互补的创业团队对于高科技创业企业的重要性，技术、市场、融资等各个方面都需要有一流的合作伙伴才能够成功。

创业过程中，有一个好的人才团队，是不可缺少的因素。创业如同拔河比赛，人心齐，泰山移；创业如同赛龙舟，步调一致，不偏不移，才能独占鳌头。“宁要一流的人才和二流的项目，也不要一流的项目和二流的人才”是创业投资家的箴言。

在个人创业的起步阶段，创业者要么是一个人单枪匹马开创自己的创业之路，要么联合几位朋友集体合作，一起来形成团队，共同发展。但是，在个人创业高达 85% 的失败案例中，单枪匹马上阵的创业很容易因为势单力薄而中枪落马，而集体合作的创业团队往往又因为内部矛盾摩擦及利益分配的不均而导致解体。在创业者的人员合作问题上，如何来避免此类问题的发生呢?

在个人创业的初始阶段，一定要具有群做群分的意识，这里所指的群做群分，就是指创业主导者来寻找一些志同道合的合作人一起来合作起步发展，并且，还要做到清晰且无争议的利益分配。

“小河有水大河满，大河无水小河干。”这是相辅相成的关系，从自然规律来说，大河的水来自于小河，小河都没水了，大河不可能有水；如果小河不为大河提供水源，都依靠大河供水，大河早晚会干掉。

在一个企业中，企业就好比大河，员工就好比小河，如果每个员工都能成为一条涌流不息的小河，那么企业这条大河是永远不会干枯的。

这个创业时代将是一个人类开始合作共存的时代。建立优势互补的创业团队是人力资源管理的关键。

团队是人力资源的核心，“主内”与“主外”的不同人才，耐心的“总管”和具有战略眼光的“领袖”，技术与市场两方面的人才都不可偏废。

创业团队的组织还要注意个人的性格与看问题的角度，如果一个团队里能够有一个总能提出建设性的可行性建议的人和一个能不断发现问题的批判性成员，对于创业过程将大有裨益。

创业初期，创业团队的成员大都是朋友，但是经过一段时间的磨合之后，创业团队都要经过一个痛苦的“洗牌 过程，或许有的人不能认同理念，或许有的人有其他的打算，或许有的人不称职。

坚持一种理念：公司不是私人的，是大家的，不能顾及私情，要出于公心换人。这个道理不一定行得通，但是能否坚持这种理念，决定了能否正确贯彻换人的决策。

（1）培育高绩效员工

这种员工通过观察期的引导和磨合，会很快适应工作环境，充分发挥出自己的聪明才干，全身心地投入到该职位的工作中。

在此情况下，管理者应制订出培养计划，并帮助其做出与企业愿景相匹配的职业生涯规划，在满足其物质需求的基础上增加精神激励，用有价值的个人目标和组织目标促进其成长，使其认同企业文化，逐渐把企业的发展等同于自己的事业。同时，此类员工也是管理层接班人的最佳人选。

（2）指导平庸者

面对喜欢该职位但却因为能力问题无法取得高绩效的员工，管理者应该侧重于工作技能的培训，甚至和该员工一起深入一线找出实际操作的不足和偏差，因为现场培训和指导的效果要远远强于事后的总结。

我们可以看到，惠普之道的核心之一就是“走动式管理”，它在庞大的企业组织中造就了无比坚实的团队精神和信任感。

惠普的管理者被要求必须经常在员工当中走动，和有空闲的人聊天，这样一来，基层员工都欢欣鼓舞地认为自己的工作非常重要，自己总是被关注和关怀，因为管理者都希望听取他们对公司、对工作的看法。

与此同时，企业管理者也可以在走动中不断观察、随时沟通、纠正错误，把偏差消灭在射线的起点处，而不是在偏差越来越大的射线末端。

这样一来，企业的运作流程可以得到最好的改善，问题可以得到防范和控制，管理者就可以从“救火员”变为“防火员”。

从另一方面看，此类型的员工也许本身并不适合该职位的工作，管理者应及时调整其位置，扬其长避其短，把最好的钢用在刀刃上，让该员工向A类型迈进。

（3）培养忠诚度和向心力

有些员工具备取得高绩效的能力，但个人发展愿望与志向可能与所在职位或企业愿景存在差异，所以该类员工总是这山望着那山高，只是把现有职位当作通往高薪的跳板。如果一个企业出现太多的C类员工，那么则应该反思一下薪酬制度、企业文化和企业愿景是否出现了问题。

从马斯洛需求层次看，拥有越高职位的员工对精神层面的追求就越强烈，企业在满足其物质需求如工资、福利的情况下，还要考虑其个人的梦想和成长的需要，而且，不同的员工有不同的需求。

在这一点上，全球最佳雇主之一的星巴克是用人的典范。星巴克在业界中并不是薪酬最高的企业，其中30%的薪酬是由奖金、福利和股票期权构成的，中国的星巴克虽然没有股票期权这一部分，但其管理的精神仍然是——关注员工的成长。

中国星巴克有“自选式”的福利，让员工根据自身需求和家庭状况自由搭配薪酬结构，有旅游、交通、子女教育、进修、出国交流等等福利和补贴，甚至还根据员工长辈的不同状况给予补助，真正体现人性化管理的真谛，大大增强了员工与企业同呼吸共命运的信心。

(4) 淘汰不可救药者

也许此类员工本来就不应该进入到企业中来，招聘面试的目的是挑选具备任职资格又拥有升迁潜力的人选，如果是观察期后被鉴定为此类的员工，则应该立即调动岗位甚至给予辞退，即使是立过战功的开国元老也不能例外。

因为这种员工在工作态度和行为上，会给其他员工带来不良影响，甚至可能把有望晋级 A 类的 B、C 类员工拖到 D 阵营中来。

在社会存在的组织中，不管职位高低，大多数人都是希望被关注、被尊重的，企业管理者应该分析员工失去工作兴趣的原因，是因为无能力而丢失工作热情，还是因为被忽略而低绩效。

正如垃圾可以循环再造一样，世界上不存在没用的人，而是人没有用在合适的位置上，或者，企业没有合适的职位。所以，辞退该类员工是为了杀鸡儆猴、奖优罚劣，铲除“一粒老鼠粪可以坏掉一锅汤”的隐患。在这里面，管理者如何保持与员工沟通的连续性和有效性就变得尤为重要了。

我们都知道，企业最重要的资产是人，“知人善用”四个字看似简单，实际上做起来并不容易。

只有对人才的认知越深，看得越透，你才能真正地用好他。在企业各种资源中，人是最难掌握的，也是最难管理的，也正因为如此困难，因此，当你掌握了管人的诀窍之后，你的事业自然就能取得超过别人的成绩。

第七章
如何获得创业资金？

金钱不是万能，没有金钱万万不能，大学生创业者只有解决好了融资问题，才能将自己的技术和创意转化为赢利的工具，才能在激烈的市场竞争中立于不败之地。如何实现零资本创业呢？只要你广开思路，还是可以找到许多更有效更合算的筹资办法的。

1. 零资本创业，从借钱开始

大学生创业大多数都是没有多少创业资本的人，创业并非一件容易的事情。他们面临的第一个关口就是“钱”的问题。正所谓“巧妇难为无米之炊”，如何筹到这第一笔创业经费，大家各有说辞。

其实，答案早有定论。不外乎有两种思路：

其一：自筹资金。

从这层意义上讲创业者通常会拿自己多年的积蓄拿来作为创业的启动资金。

其二：借“鸡”下蛋。

通过向自己的亲戚、朋友借钱来筹借创业资金。

这两种思路，从可行性上来看，都无可厚非。但会做生意的人往往是拿别人的钱做生意。而敢干、善于借别人的钱创业的人往往比用自己的钱创业者更容易获得创业的成功。看似简单的举动下体现了创业者不同心态（思路、效率、决心等方面）。

上学时，课本里曾有一篇文言文：古时，有个穷秀才，家里很穷，买不起书，每要看书，总是不得不到几里之外的同学那里去借。不管刮风下雨，每次总是小心地将书借回来后，连夜挑灯夜读，或抄或记。

第二天一早，便将读过的书还给同学再借新的。为的是能多读几本，加快读的周转率。一来，书毕竟不是自己的，书主催着还书；二来，如果不看快点，一些好书很容易被别人借走了。

就这样，日子一天天过去，秀才硬是把同学家中的书全部读了个遍。而且，由于书不是自己的，每本书他者细心地做了笔记，每遇到精彩的片断，还会大段载录。同在一个私塾里读书的同学每天除了上学，也泡在优雅的书房里，一杯茶，一本书……用现在的话来讲，过得挺小资的生活，读书也一直不紧不慢，一年下来，书房中的书看过的不及1/3。而且很多都是走马观花，更别提做读书笔记了。用他的话讲，书是自己的，想什么时候看就什么时候看，不着急。

日子过得很快，转眼到了乡试的日子。穷秀才和同学一同应考。结果自不必说，穷秀才榜上有名，而同学却名落孙山。这就是著名的“书非借不能读也”的原型。

其实，造成二者不同结局的原因，缘于其读书心态的不同。同样的资源（书），由于利用者心态的不同而最终导致结果各异。

同理，创业中，往往是借别人的钱创业比用自己的钱创业更容易获得成功。具体分析起来，有如下几方面原因：

其一，容易被创业者忽视的利息问题。

如果是自有资金，往往会忽视资金的利息问题。毕竟，钱是自己的钱，不用担心还利息。而借来的钱就不一样了，“亲兄弟，明算账”。

再好的亲戚朋友，借人钱总归是要连本带息还给别人的并白纸黑字写在纸上的。因而，在考虑向谁借、借多少时，这个利息问题就已经被创业者提上议程。借多少，利息多少？借钱者自然心里有一笔清楚的账。

其二，容易被创业者忽视的效率问题。

就像“书非借不能读也”中的那个穷秀才想着法儿提高阅读效率，多读书，读好书一样。钱借来了，怎样提高钱的周转率？在最短的时间内获取最大的利润？是创业者必须考虑的问题。会算账的人才是真正的生意人。

会借钱，并懂得用好钱的人才是一个好的创业者。更为关键的一点是这将为你赢得“人脉”——更多的投资者。

其三，承受压力不同。

有个成语“破釜沉舟”，还有一个俗语“置之死地而后生”。说的都是同一个道理：做任何事，只有把自己的一切退路打断，全力以赴，才可能获得成功。历史上但凡是成就大事业的人莫不是顶着巨大的风险，有时甚至是提着脑袋上阵，最后才成为大赢家的。做生意，创业也莫不如此。

钱是借来的，赔不起。只能赢，不能输。

在这种心理暗示下，创业者往往会拿出十倍的勇气和决心。态度决定成败，很多时候，人往往是被自己打败的。

在这样的心理背景支持下，面对困难和挫折，创业者往往能够迎难而上，最终赢得创业的成功。

其四，打造自己的品牌，培养人脉

做销售的朋友都清楚，渠道对于产品的重要意义。一个再好的产品，如果没有一个顺畅的销售渠道，只能是“藏在深闺人未识”。毕竟，“好酒不怕巷子深”的计划经济时代已经一去不复返了。

而对于创业者来说，这张四通八达的“网”，就是——“人脉”。组建自己的人脉网络为自己未来的事业搭建资源平台，是创业成功的前提和保证。很多时候掌握了“人脉”就是掌握了“金脉”。

确定了“借鸡生蛋”的创业思路，接下来，就需要考虑找谁借钱的问题了。

本书建议创业者在最初借钱时应考虑以下几方面因素：

①借钱的额度以多少为适益？

换句话说，借多少钱是别人可以接受的？往往创业者在借钱时应考虑可供挑选的借钱人群：亲戚、朋友。在对其经济背景有一个大致的了解后，再提出一个合适的额度。

这样借钱成功的概率较大，而不是“狮子大张口”，伤了双方的和气，甚至连朋友也没得做了。

②可供借款的人选数量？

这时候要将自己的人脉网络进行一遍细致的梳理，看看哪些人是可提供借款的？笔者建议可适当增多借款人数量，一方面，可为自己筹借到更多资金。另一方面，可降低单个借款人的借款金额。这样借钱成功的概率会更大些。

③自己的信誉度如何？

一个人的信誉度会决定将会有多少人愿意把钱借钱给你？一个没有信誉的人在商场根本无法立足。而信誉的建立不是一朝一夕的事，每个人都应在平时的一点一滴中积累自己的信誉。

有句古话：“平时不烧香，临时报佛脚”。说得就是那些，平时不注意“修身养性”，事到临头再想弥补，可是为时已晚的人。

所以，注意自身修养，在亲戚朋友中建立良好口碑十分重要，它将决定你未来会有多少可利用的资源——人脉。

④努力提高自身办事能力

往往，一个人能力的高低更多取决于他办事的态度。提高自身能力的一个制胜法宝就是培养自身做事良好的态度。

态度决定一切！人们往往是通过一个人办事的态度来衡量这个人的办事能力的。而良好的办事能力，最终会为其赢得人脉。

⑤是否具备专业优势？

要说服别人借钱给你，还有一个至关重要的因素。那就是别人是否认可你的创业优势？换句话讲，也就是你是否具备相关行业的专业优势。

俗话说得好，“隔行如隔山”，一个不具备专业素质优势的人，即使能力再出色，也不会让别人对你产生信服感。在日趋激烈的市场竞争中，能够生存下来的概率很小。这也就难怪别人不愿意将钱借给你了。

把握好了以上所说的几点，借钱当然也就不成问题。关键在于“未雨绸缪”，提前组建自己的人脉系统。要知道，一个良好的人脉系统将会为你的事业搭建良好的资源平台。

2. 创业融资，适当独辟蹊径

在进行创业时，资金问题往往成为难题。如何借助内外力量实现“巧”融资呢？对于创业者来说，能否快速、高效地筹集资金，是创业企业站稳脚跟的关键，更是实现二次创业的动力。

据了解，目前国内创业者的融资渠道较为单一，主要依靠银行等金融机构。而实际上，风险投资、民间资本、创业融资、融资租赁等都是不错的创业融资渠道。

（1）政府基金：创业者的“免费皇粮”

近年来，政府充分意识到中小企业在国民经济中的重要地位，尤其是各省市地方政府，为了增强自己的竞争力，不断采取各种方式扶持科技含量高的产业或者优势产业。为此，各级政府相继设立了一些政府基金予以支持。

这对于拥有一技之长又有志于创业的诸多科技人员，特别是归国留学人员是一个很好的吃“免费皇粮”的机会。

案例：2001 年在澳大利亚度过了 14 年留学和工作生涯的施正荣博士，带着自己 10 多年的科研成果回到家乡无锡创业。

当无锡市有关领导得知施正荣的名声，和他的太阳能晶硅电池科研成果在国内还是空白时，立即拍板要扶持科学家做老板。

在市经委的牵头下，无锡市政府联合当地几家大国企投资 800 万元，组建了无锡尚德太阳能电力有限公司。

有了政府资金的鼎力支持，尚德公司有了跨越式发展，仅仅 3 年时间销售额已经过亿元，成为业界明星企业。

(2) 创新基金：创业者的“营养餐”

近年来，我国的科技型中小企业的发展势头迅猛，已经成为国家经济发展新的重要增长点。政府也越来越关注科技型中小企业的发展。

同样，这些处于创业初期的企业在融资方面所面临的迫切要求和融资困难的矛盾，也成为政府致力解决的重要问题。

有鉴于此，结合我国科技型中小企业发展的特点和资本市场的现状，科技部、财政部联合建立并启动了政府支持为主的科技型中小企业技术创新基金，以帮助中小企业解决融资困境。创新基金已经越来越多地成为科技型中小企业融资可口的“营养餐”。

案例：兰州大成自动化工程有限公司自运行一年来，主要进行产品开发，几乎没有收入，虽然技术的开发有了很大的进展，但资金的短缺越来越突出。

当时正值科技型中小企业技术创新基金启动，企业得知后非常振奋，选择具有国际先进水平的“铁路车站全电子智能化控制系列模块的研究开发与转化”项目申报创新基金。

为此，他们进一步加快了研发的速度，于 1999 年 12 月通过了铁道部的技术审查，取得了阶段性的成果。

正因为企业有良好的技术基础，于 2000 年得到了创新基金 100 万元的资助，它不仅起到了雪中送炭的作用，而且起到了引导资金的作用。

同年，该项目又得到了甘肃省科技厅 50 万元的重大成果转化基金，教育部“高等学校骨干教师资助计划”12 万元的基础研究经费。2001 年，针对青藏铁路建设的技术需求，该项目被列入甘肃省重点攻关计划，支持科技三项费用 30 万元。

(3) 风险投资：创业者的“维生素 C”

在英语中，风险投资的简称是 VC，与维生素 C 的简称 Vc 如出一辙，而从作用上来看，两者也有相同之处，都能提供必需的“营养”。

广义的风险投资泛指一切具有高风险、高潜在收益的投资；狭义的风险投资是指以高新技术为基础，生产与经营技术密集型产品的投资。根据美国全美风险投资协会的定义，风险投资是由职业金融家投入到新兴的、迅速发展的、具有巨大竞争潜力的企业中的一种权益资本。

案例：重庆江北通用机械厂从1995年开始研制生产大型氟利昂机组新产品，其具有兼容功能，并可以用其他冷冻液进行替代。

由于银行对新产品一般不予贷款。重庆风险投资公司提供了100万元贷款。两年后，江北通用机械厂新产品销售额达7000万元。

（4）中小企业担保贷款：创业者的“安神汤”

一方面中小企业融资难，大量企业嗷嗷待哺；一方面银行资金缺乏出路，四处出击，却不愿意贷给中小企业。

究其原因主要在于，银行认为为中小企业发放贷款，风险难以防范。然而，随着国家政策和有关部门的大力扶植以及担保贷款数量的激增，中小企业担保贷款必将成为中小企业另一条有效的融资之路，为创业者“安神补脑”。

案例：上海一家高科技公司属国内一流艺术灯光景观建设专业企业，开发了数十项产品。在强大的科技研发能力支持下，该公司业务发展迅速。

与业务发展相伴而行的则是资金困境。工程类企业的行业特点是资金回笼速度慢，营运资金占用情况严重。

但由于公司规模较小，又缺乏与银行合作的信用记录，获得银行融资困难重重。

2005年底，该企业得到中投保的提供保证担保的80万元流动资金贷款，由此，该公司近两年取得了快速发展，2007年6～7月，该公司先后中标08北京奥运场馆照明工程合同。

（5）天使投资：创业者的“婴儿奶粉”

天使投资是自由投资者或非正式风险投资机构，对处于构思状态的原创项目或小型初创企业进行的一次性的前期投资。

天使投资虽是风险投资的一种，但两者有着较大差别：天使投资是一种非组织化的创业投资形式，其资金来源大多是民间资本，而非专业的风险投资商；天使投资的门槛较低，有时即便是一个创业构思，只要有发展潜力，就能获得资金，而风险投资一般对这些尚未诞生或嗷嗷待哺的“婴儿”兴趣不大。

在风险投资领域，“天使”这个词指的是企业家的第一批投资人，这些投资人在公司产品和业务成型之前就把资金投入进来。

天使投资人通常是创业企业家的朋友、亲戚或商业伙伴，由于他们对该企业家的能力和创意深信不疑，因而愿意在业务远未开展之前就向该企业家投入大笔资金，一笔典型的天使投资往往只是区区几十万美元，是风险资本家随后可能投入资金的零头。

对刚刚起步的创业者来说，既吃不了银行贷款的“大米饭”，又沾不了风险投资“维生素”的光，在这种情况下，只能靠天使投资的“婴儿奶粉”来吸收营养并茁壮成长。

案例：牛根生在伊利期间因为订制包装制品时与谢秋旭成为好友，当牛自立门户之时，谢作为一个印刷商人，慷慨地掏出现金注入初创期的蒙牛，并将其中的大部分的股权以“谢氏信托”的方式“无偿”赠与蒙牛的管理层、雇员及其他受益人，而不参与蒙牛的任何管理和发展安排。

最终谢秋旭也收获不菲，380 万元的投入如今已变成 10 亿元。

（6）典当融资：创业者的“速泡面”

风险投资虽是天上掉馅饼的美事，但只是一小部分精英型创业者的“特权”；而银行的大门虽然敞开着，但有一定的门槛。“急事告贷，典当最快”，典当的主要作用就是救急。

与作为主流融资渠道的银行贷款相比，典当融资虽只起着拾遗补缺、调余济需的作用，但由于能在短时间内为融资者争取到更多的资金，因而被形象地比喻为“速泡面”，正获得越来越多创业者的青睐。

案例：周先生是位通讯设备代理商，前段时间争取到了一款品牌新手机的代理权，可是问题在于要在三天内付清货款才能拿货，而他的资金投资在另一商业项目上，他可不甘心失去这得来不易的代理权。周先生脑子转到了自己的那辆“宝马”车上，于是，他马上开车来到典当行。

业务员了解情况后告诉他：当天就可以办理典当拿到资金。

周先生大喜过望，立即着手办理典当手续，交纳相关证件、填表、把车开到指定仓库、签合同，领当金。

不出半天的工夫，他就拿到了他急需的50万元，一个月后来赎当，这笔当金帮他赚了近10万元。

3. 大学生创业的融资误区

大学生创业大部分都是民营的中小企业，企业中小企业融资是企业发展过程种的关键环节，民营企业要获得长远发展必须要有清晰的长期发展战略，企业资本运营策略必须放到企业长期发展战略层面考虑，从里到外营造一个资金愿意流入企业的经营格局。

资金作为公司的血脉，必不可少，因此融资问题对新创企业来说显得尤为重要。大学生们要想凭借自己的技术或创意获得应有回报，就必须解决好融资问题。

不少民营企业在发展过程中把融资当做一个短期行为来看待，希望搞突击拿到银行贷款或股权中小企业融资，而实际上成功的机会很少。要想改变融资难的局面，需走出以下融资误区。

(1) 对风险投资不负责任的使用

烧别人的钱圆自己的梦。每一轮融资中的投资者都将影响后续融资的可行性和价值评估。

因此，对于尚处早期的创业公司来说，应引入一些真正有实力、能提供增值性服务、与创业者理念统一的投资者，哪怕这意味着暂时放弃一些眼前的利益。

(2) 过度包装或不包装

有些民营企业为了中小企业融资，不惜一切代价粉饰财务报表、甚至造假，财务数据脱离了企业的基本经营状况。

有些民营企业认为自己经营效益好，应该很容易取得中小企业融资，不愿意化时间及精力去包装企业，不知道资金方看重的不止是企业短期的利润，企业的长期发展前景及企业面临的风险是资金方更为重视的方面。

(3) 缺乏长期规划，临时抱佛脚

多数民营企业都是在企业面临资金困难时才想到去中小企业融资，不了解资本的本性。资本的本性是逐利，不是救急，更不是慈善。企业在正常经营时就应该考虑中小企业融资策略，和资金方建立广泛联系。

(4) 急于拿资金，忽视企业内部整理

民营企业中小企业融资时只想到要钱，一些基本的工作也没有及时去做。民营企业中小企业融资前，应该先将企业梳理一遍，理清企业的产权关系、资产权属关系、关联企业间的关系，把企业及公司业务清晰地展示在投资者面前，让投资者放心。

(5) 中小企业融资视野狭窄，只看到银行贷款或股权中小企业融资

企业中小企业融资的方式很多，不只是银行贷款和股权中小企业融资，租赁、担保、合作、购并等方式都可以达到中小企业融资目的。

(6) 急于得到企业启动或周转资金，给小钱让大股份，卖技术或创意

有不少核心技术拥有者在公司运营一段时间后，对当初的投资协议深感不满并提出毁约，而这样做的后果只能是在资本市场上臭名昭著；

(7) 只认钱，不认人

民营企业急于中小企业融资，没有考虑中小企业融资后对企业经营发展的影响。民营企业中小企业融资时除了资金，还应考虑投资方在企业经营、企业发展方面对企业是否有帮助。

(8) 只想融资，不想让企业走向规范化

融资是企业成长的过程，也是企业走向规范化的过程。民营企业在中小企业融资过程中，应不断促进企业走向规范化，通过企业规范化来提升企业中小企业融资能力。

(9) 只顾扩张，不塑造企业文化

民营企业在中小企业融资过程中，只顾企业扩张，没有去塑造企业文化，最终导致企业规模做大了，但企业却失去了原有的凝聚力，企业集团内部或各部门之间缺乏共同的价值观，没有协同能力。

(10) 只顾扩张，不建立合理的公司治理结构

很多民营企业通过中小企业融资不断扩张，但企业管理却越来越粗放、松散。随着企业扩张，企业应不断完善公司治理结构，使公司决策走上规范、科学的道路，通过规范化的决策和管理来规避企业扩张过程中的经营风险。

(11) 低估融资难度，误以为仅靠自己的小圈子就可以拿到资金

有些民营企业常常低估中小企业融资的难度，对出现在面前的个别资金方期望过大，也往往以为靠企业主或内部管理人员的私人小圈子就可以拿到资金。

针对上述误区，创业者在融资的过程中需要做好以下工作：

在制订融资方案之前要准确评估自己的有形和无形资产的价值，千万不要妄自菲薄，低估了自己的价值。网易公司经过多轮融资和上市，丁磊还拥有超过60%的股份，这说明丁磊在每轮融资的过程中用了少量的股份就达到了自己的目标，是我们学习的榜样。

融资过程中要做好融资方案的选择。尽管国内的融资渠道还不是很健全，但方式比较多，主要是：

合资、合作、外资企业融资渠道；

银行及金融机构贷款；

政府贷款；

风险投资；

发行债券；

发行股票；

转让经营权；

BOT融资。

多渠道的比较与选择可以有效降低融资成本，提高效率。

通过上述途径得到的发展资金可以分为两类：资本金和债务资金。债务资金（如银行贷款等）不会稀释创业者股权，而且可以有效分担创业者的投资风险，推荐优先使用。

如果采用出让股权的方式进行融资，则必须做好投资人的选择。只有同自己经营理念相近，其业务或能力能够为投资项目提供渠道或指导的投资才能有效支撑企业的成长。

目前的关键问题是，大学生很难找到融资对象，找到一个就像发现了救命稻草一样，根本就没有讨价还价的余地，这样的融资肯定会给后续工作带来很多麻烦。出现这种问题的主要原因是信息不对称，因此创业者一定要加强对融资市场的信息收集与整理，在掌握大量的情报资料的前提下做出最优的选择。

创业不仅是实现理想的过程，更是使投资者（股东）的投资保值增值的过程。创业者和投资者是一个事物的两个方面，大家只有通过企业这个载体才能达到双赢的目标。“烧投资者的钱圆自己的梦”的问题说到底是企业家的信用问题，怀抱这种思想的人不会成为一个成功的创业者。

能为股东创造价值的企业家才能得到更多的融资机会和成长机会。因此创业者不仅要加强自身的技术能力，还需要具备企业家的道德风范。

金钱不是万能，没有金钱万万不能，大学生创业者只有解决好了融资问题，才能将自己的技术和创意转化为赢利的工具，才能在激烈的市场竞争中立于不败之地；拓宽融资渠道、对投资人负责才能使自己的企业茁壮成长。

4. 创业初期怎样融资最省钱?

任何创业都是要成本的，就算是最少的启动资金，也要包含一些最基本的开支，如产品定金、店面租金等，更别说大一些的商业项目了。

许多人在创业初期往往求“资”若渴，为了筹集创业启动资金，根本不考虑筹资成本和自己实际的资金需求情况。但是，如今市场竞争使经营利润率越来越低，除了非法经营以外很难取得超常暴利。

因此，广大创业者在融资时一定要考虑成本，掌握创业融资省钱的窍门。

(1) 巧选银行，贷款也要货比三家

按照金融监管部门的规定，各家银行发放商业贷款时可以在一定范围内上浮或下浮贷款利率，比如许多地方银行的贷款利率可以上浮30%。其实到银行贷款和去市场买东西一样，挑挑拣拣，货比三家才能选到物美价廉的商品。

相对来说，国有商业银行的贷款利率要低一些，但手续要求比较严格，如果你的贷款手续完备，为了节省筹资成本，可以采用个人“询价招标”的方式，对各银行的贷款利率以及其他额外收费情况进行比较，从中选择一家成本低的银行办理抵押、质押或担保贷款。

(2) 合理挪用，住房贷款也能创业

如果你有购房意向并且手中有一笔足够的购房款，这时你可以将这笔购房款“挪用”于创业，然后向银行申请办理住房按揭贷款。住房贷款是商业贷款中利率最低的品种，如5年以内住房贷款年利率为4.77%，而普通3至5年商业贷款的年利率为5.58%，办理住房贷款曲线用于创业成本更低。

如果创业者已经购买有住房，也可以用现房做抵押办理普通商业贷款，这种贷款不限用途，可以当做创业启动资金。

(3) 质押贷款：挖掘资源充分利用

刘女士想开一家柯达彩扩店连锁加盟店，根据合作协议，她需要 9.9 万元的启动费用。她手中现金只有 4 万元，但在有一张 10 万元的定期存单，由于提前支取会造成较大的利息损失。

在银行理财师的建议指导下，她办理了定单质押贷款，获得了银行 7 万元的贷款。既及时筹齐了创业资金，又避免了提前支取的几千元的利息损失。

目前，银行设置了以存单、国库券、保单、个人信用等信贷资源为质押的个人贷款。目前较普遍的是存单、国库券质押。存单质押贷款的起点一般为 5000 元，每笔贷款不超过质押面额的 80%，在银行网点当天即可取得贷款。

国债质押贷款的起点为 5000 元，每笔贷款不超过质押国债面额的 90%；贷款期限最长一般不超过凭证式国债的到期日，若用不同期限的多张凭证式国债作质押，以距离到期日最近者确定贷款期限。

另外，如果征得亲友的书面同意，并同时出示本人和亲友的有效身份证件，还可以用亲友的凭证式国债办理质押贷款。

不过需要指出的是，无论办理何种贷款，都必须按照合同的要求按期偿还本息，如果不能按时还款，银行会收取一定的滞纳金，并会根据情况采取扣收抵押、质押物，追究担保方责任等措施。

另外，银行还会将借款人的信用情况记录为“不良”，信用制度完善后，借款人一旦有了不良记录，那么在各家银行都会遭到“封杀”。

(4) 精打细算，合理选择贷款期限

银行贷款一般分为短期贷款和中长期贷款，贷款期限越长利率越高，如果创业者资金使用需求的时间不是太长，应尽量选择短期贷款，比如原打算办理两年期贷款可以一年一贷，这样可以节省利息支出。

另外，创业融资也要关注利率的走势情况，如果利率趋势走高，应抢在加息之前办理贷款；如果利率走势趋降，在资金需求不急的情况下则应暂缓办理贷款，等降息后再适时办理。

(5) 抵押贷款：产权预押收益自取

李先生原本自家经营日用百货，后来他打算购置某黄金地段的沿街商业房一处，但房价至少要70万，他费尽周折也只筹借到了45万。

在朋友的建议下，他找到了所在地的工行信贷处，在银行工作人员对房屋进行价值评估后，银行同他签署了拟购房子抵押的协议，并向他提供了商用房抵押贷款30万，期限为10年。顺利地接手后，他很快就将房子出租，由于地段很好，每月租金和还贷的利差让他稳稳收入2500元。

抵押贷款是指按照担保法规定的抵押方式，以借款人或第三人的财产作为抵押物而发放的贷款。

目前，银行主要开展的是房屋和汽车的抵押贷款。办理抵押贷款时应由银行保管抵押物的有关产权证明，特别是对于房屋按揭和汽车贷款，房子你可以用着，汽车你也可以开着，不过严格地说，这些产权已经抵押给银行了，你拥有的只是使用权。

目前，车抵押贷款一般不超过购车款的80%，贷款期限最长不超过5年。房屋抵押贷款，贷款金额一般不超过拟购商业用房评估价值的60%，贷款期限最长不超过10年。

(6) 用好政策，享受银行和政府的低息待遇

创业贷款是近年来银行推出的一项新业务，凡是具有一定生产经营能力或已经从事生产经营活动的个人，因创业或再创业需要，均可以向开办此项业务的银行申请专项创业贷款。

创业贷款的期限一般为1年，最长不超过3年，按照有关规定，创业贷款的利率不得向上浮动，并且可按银行规定的同档次利率下浮20%；许多地区推出的下岗失业人员创业贷款还可以享受60%的政府贴息；有的地区对困难职工进行家政服务、卫生保健、养老服务等微利创业还实行政府全额贴息。

（7）亲情借款，成本最低的创业“贷款”

创业初期最需要的是低成本资金支持，如果比较亲近的亲朋好友在银行存有定期存款或国债，这时你可以和他们协商借款，按照存款利率支付利息，并可以适当上浮，让你非常方便快捷地筹集到创业资金，亲朋好友也可以得到比银行略高的利息，可以说两全其美。

不过，这需要借款人有良好的信誉，必要时可以找担保人或用房产证、股票、金银饰品等做抵押，以解除亲朋好友的后顾之忧。

（8）提前还贷，提高资金使用效率

创业过程中，如果因效益提高、货款回笼以及淡季经营、压缩投入等原因致使经营资金出现闲置，这时可以向贷款银行提出变更贷款方式和年限的申请，直至部分或全部提前偿还贷款。贷款变更或偿还后，银行会根据贷款时间和贷款金额据实收取利息，从而降低贷款人的利息负担，提高资金使用效率。

（9）金融租赁，拓展市场的好手段

金融租赁在经济发达国家已经成为设备投资中仅次于银行信贷的第二大融资方式。金融租赁是一种集信贷、贸易、租赁于一体，以租赁物件的所有权与使用权相分离为特征的新型融资方式。

设备使用厂家看中某种设备后，即可委托金融租赁公司出资购得，然后再以租赁的形式将设备交付企业使用。

当企业在合同期内把租金还清后，最终还将拥有该设备的所有权。通过金融租赁，企业可用少量资金取得所需的先进技术设备，可以边生产、边还租金，对于资金缺乏的企业来说，金融租赁不失为加速投资、扩大生产的好办法；就某些产品积压的企业来说，金融租赁不失为促进销售、拓展市场的好手段。

5. 创业贷款的多重选择

当前，社会的就业压力增大，许多大学生都想依靠创业实现自己的人生梦想。某省会城市不久前对高校学生的一次问卷调查也显示：在启动资金充分的情况下，有80%以上的在校大学生希望有朝一日自己办公司、当老板。

由此看出，创业热情与资金“瓶颈”是共存的，如今银行的贷款种类越来越多，贷款要求也不断放松，如果根据自己的情况科学选择适合自己的贷款方式，个人创业将会变得更加轻松。

目前各地实行和创新出来的中小企业贷款方式主要有以下11种。

（1）综合授信贷款

即银行对一些经营状况好、信用可靠的企业，授予一定时期内一定金额的信贷额度，企业在有效期与额度范围内可以循环使用。综合授信额度由企业一次性申报有关材料，银行一次性审批。

企业可以根据自己的营运情况分期用款，随借随还，企业借款十分方便，同时也节约了融资成本。

银行采用这种方式提供贷款，一般是对有工商登记、年检合格、管理有方、信誉可靠、同银行有较长期合作关系的企业。

（2）信用担保贷款

目前在全国31个省、市中，已有100多个城市建立了中小企业信用担保机构。这些机构大多实行会员制管理的形式，属于公共服务性、行业自律性、自身非盈利性组织。担保基金的来源，一般是由当地政府财政拨款、会员自愿交纳的会员基金、社会募集的资金、商业银行的资金等几部分组成。

会员企业向银行借款时，可以由中小企业担保机构予以担保。另外，中小企业还可以向专门开展中介服务的担保公司寻求担保服务。当企业提供不出银行所能接受的担保措施时，如抵押、质押或第三方信用保证人等，担保公司却可以解决这些难题。因为与银行相比而言，担保公司对抵押品的要求更为灵活。

当然，担保公司为了保障自己的利益，往往会要求企业提供反担保措施，有时担保公司还会派员到企业监控资金流动情况。

（3）买方贷款

如果企业的产品有可靠的销路，但在自身资本金不足、财务管理基础较差、可以提供的担保品或寻求第三方担保比较困难的情况下，银行可以按照销售合同，对其产品的购买方提供贷款支持。

卖方可以向买方收取一定比例的预付款，以解决生产过程中的资金困难。或者由买方签发银行承兑汇票，卖方持汇票到银行贴现。

（4）异地联合协作贷款

有些中小企业产品销路很广，或者是为某些大企业提供配套零部件，或者是企业集团的松散型子公司。

在生产协作产品过程中，需要补充生产资金，可以寻求一家主办银行牵头，对集团公司统一提供贷款，再由集团公司对协作企业提供必要的资金，当地银行配合进行合同监督。也可由牵头银行同异地协作企业的开户银行结合，分头提供贷款。

（5）项目开发贷款

一些高科技中小企业如果拥有重大价值的科技成果转化项目，初始投入资金数额比较大，企业自有资本难以承受，可以向银行申请项目开发贷款。

商业银行对拥有成熟技术及良好市场前景的高新技术产品或专利项目的中小企业以及利用高新技术成果进行技术改造的中小企业，将会给予积极的信贷支持，以促进企业加快科技成果转化的速度。

对与高等院校、科研机构建立稳定项目开发关系或拥有自己研究部门的高科技中小企业，银行除了提供流动资金贷款外，也可办理项目开发贷款。

(6) 出口创汇贷款

对于生产出口产品的企业，银行可根据出口合同，或进口方提供的信用签证，提供打包贷款。对有现汇账户的企业，可以提供外汇抵押贷款。

对有外汇收入来源的企业，可以凭结汇凭证取得人民币贷款。对出口前景看好的企业，还可以商借一定数额的技术改造贷款。

(7) 自然人担保贷款

2002 年 8 月，中国工商银行率先推出了自然人担保贷款业务，今后工商银行的境内机构，对中小企业办理期限在 3 年以内信贷业务时，可以由自然人提供财产担保并承担代偿责任。

自然人担保可采取抵押、权利质押、抵押加保证三种方式。可作抵押的财产包括个人所有的房产、土地使用权和交通运输工具等。可作质押的个人财产包括储蓄存单、凭证式国债和记名式金融债券。

抵押加保证则是指在财产抵押的基础上，附加抵押人的连带责任保证。如果借款人未能按期偿还全部贷款本息或发生其他违约事项，银行将会要求担保人履行担保义务。

(8) 个人委托贷款

中国建设银行、民生银行、中信实业银行等商业银行相继推出了一项融资业务新品种——个人委托贷款。即由个人委托提供资金，由商业银行根据委托人确定的贷款对象、用途、金额、期限、利率等，代为发放、监督、使用并协助收回的一种贷款。

办理个人委托贷款的基本程序是:

由委托人向银行提出放款申请。

银行根据双方的条件和要求进行选择配对，并分别向委托方和借款方推介。

委托人和借款人双方直接见面，就具体事项和细节如借款金额、利率、贷款期限、还款方式等进行洽谈协商并作出决定。

借贷双方谈妥要求条件之后，一起到银行并分别与银行签订委托协议。

银行对借贷人的资信状况及还款能力进行调查并出具调查报告，然后借贷双方签订借款合同并经银行审批后发放贷款。

(9) 无形资产担保贷款

依据《中华人民共和国担保法》的有关规定，依法可以转让的商标专用权、专利权、著作权中的财产权等无形资产都可以作为贷款质押物。

(10) 票据贴现融资

票据贴现融资，是指票据持有人将商业票据转让给银行，取得扣除贴现利息后的资金。在我国，商业票据主要是指银行承兑汇票和商业承兑汇票。这种融资方式的好处之一是银行不按照企业的资产规模来放款，而是依据市场情况（销售合同）来贷款。

企业收到票据至票据到期兑现之日，往往是少则几十天，多则 300 天，资金在这段时间处于闲置状态。企业如果能充分利用票据贴现融资，远比申请贷款手续简便，而且融资成本很低。

票据贴现只需带上相应的票据到银行办理有关手续即可，一般在 3 个营业日内就能办妥，对于企业来说，这是“用明天的钱赚后天的钱”，这种融资方式值得中小企业广泛、积极地利用。

(11) 典当贷款

典当是以实物为抵押，以实物所有权转移的形式取得临时性贷款的一种融资方式。与银行贷款相比，典当贷款成本高、贷款规模小，但典当也有银行贷款所无法相比的优势。

首先，与银行对借款人的资信条件近乎苛刻的要求相比，典当行对客户的信用要求几乎为零，典当行只注重典当物品是否货真价实。而且一般商业银行只做不动产抵押，而典当行则可以动产与不动产质押二者兼为。

其次，到典当行典当物品的起点低，千元、百元的物品都可以当。与银行相反，典当行更注重对个人客户和中小企业服务。

第三，与银行贷款手续繁杂、审批周期长相比，典当贷款手续十分简便，大多立等可取，即使是不动产抵押，也比银行要便捷许多。

第四，客户向银行借款时，贷款的用途不能超越银行指定的范围。而典当行则不问贷款的用途，钱使用起来十分自由。周而复始，大大提高了资金使用率。

6. 贷款节息有“技”可循

如今创业热潮一浪高过一浪，许多人在创业初期往往求“资”若渴，为了筹集创业启动资金，根本不考虑筹资成本和自己实际的资金需求情况。

王佳原来在一家电脑公司做推销员，后来一位当老板的朋友多次鼓动他自己创业，并许诺如果需要贷款可以提供担保。有好友的鼎力相助，他便辞去了这份收入不菲的工作，自己注册了一家电脑公司。

在好友帮助下，他顺利从当地信用社取得了 30 万元贷款，信用社的服务非常完善，可就是贷款利率比法定贷款利率上浮 30%，另外还要从贷款中扣除两笔莫名其妙的“咨询费”和“理财顾问费”，这样，他实际贷款的年利率达到了 7% 以上。

当时，王佳没有过多考虑贷款成本，可由于电脑业竞争激烈，他只能微利经营，到年底一算账，偿还贷款本息后正好不挣不赔，用他的话说，等于白白给信用社打了一年工。

除了王佳以外，走入了这一误区的创业者不在少数，他们千方百计一心融资，对金融机构的利率上浮、收取咨询费等额外条件有求必应，有的甚至不惜替金融机构承担不良资产债务。

降低筹资成本，节省贷款利息是目前资金需求者的共识，特别是在筹资规模不断增大的情况下，最大限度地降低利息支出问题愈加令人关注。

但是，如今市场竞争使经营利润率越来越低，除了非法经营以外很难取得超常暴利。因此，广大创业者在融资时一定要考虑成本，掌握创业融资省钱的窍门，让银行少赚钱，就等于你多赚钱。下面分述一些贷款节息技巧。

（1）选准贷款银行

近年来，各银行为了获取更大的经济利益，争取更多的贷款市场份额，银行之间已经在国家规定贷款利率范围内悄悄拉开了竞争序幕。

如有的银行执行国家基准利率，有的则在基准利率基础上实行不同程度的上浮，还有的对不同品种贷款实行不同的利率上浮幅度。

针对不同的贷款利率，借款者就应当“货比三家”。

比如在质押贷款的发放上，有的银行在执行国家基准利率之上再上浮30%，有的则只执行基准利率，借款者就应当弃“费息”的前者而取省息的后者。

（2）优化贷款方式

目前，金融机构经营的贷款方式有信用、担保、抵押和质押等几种。由于在不同的贷款方式下，执行的贷款上浮利率不同，所以申请同一期限相同数额的贷款所承担的利息支出也迥然不同。

因此，在向金融机构借款过程中，一定要关注和弄清不同贷款方式下的利率价差。目前利率最低的贷款当属质押贷款和票据贴现，如果条件允许，应锁定这些利率较低的贷款方式。

（3）筛选贷款期限

现行短期贷款利率分为半年和一年两个档次，并规定贷款期限半年以内的执行半年期档次利率，超过半年不足一年的执行一年期档次利率。

由于借款者预测的资金需求时间及落签的借款合同期限往往与规定贷款利率所在时点不相吻合，所以实践中便自然而然地形成种种期限性贷款利率差。

当贷款期限选定在介于两个贷款期限利率档次之间的时候，特别是签订期限超过下一级利率档次时点时间越短而距离上一级利率时点时间越长的情况下，借款者承担的贷款利息支出就越大。

如签订借款期限为7个月，虽然只超过半年期时限1个月，但按照现行贷款计息规定，只能执行一年期贷款利率，因而无形中增加了借款利息负担。所以，在确定贷款期限问题上，要尽力搞准资金需求期限。

(4) 谨慎落签贷款协议

由于有些企业缺乏融资理财意识，落签贷款协议随意，所以往往在贷款过程中人为造成“费息”。比较常见的有以下两种。

①预扣利息贷款

即有些金融机构为确保贷款利息完整到位，往往在发放贷款时从应发放贷款本金中预扣全部利息。

由于这种方式使企业可用的借款资金减少，所以企业承担的实际借款利率使相应超出其签订的协议利率，客观上加大了借款企业的融资成本。

②留置存款余额贷款

即企业向银行取得借款时，银行要求其从贷款本金中留置一部分存入该行账户，以制约贷款本息如期偿还。

但就企业来讲，由于在开支的借款利息没减少的情况下借款本金被打折，所以企业实际承担的借款利率比合同签订的借款利率明显提高。

(5) 严格依约还款

“有借有还，再借不难”是亘古流传的借贷关系美谈。但是背离这一原则，违反借款合同要求擅自延期偿还贷款，则不仅损害银行利益，同时从某种意义上说也会损害借款人的利益。

因此，从降低贷款利息支出出发，借款者要确保合同的严肃性，依约如期偿还借款本息。借款者有必要指定人员管理贷款台账，详细记载企业各类贷款的进、出、存，全权负责贷款的申请、使用和到期偿还工作，尽力避免因企业疏于管理造成贷款逾期加息现象发生。

7. 风险投资家最容易问你什么问题?

如果你真的想打动一个风险投资家，你就必须要快速而流利地回答他们那些让人精疲力尽的商业问题，好的准备是你最好的防护。因此，你应该仔细研究下面这 74 个风险投资家常问的问题，以便在下次访问风险投资家时回答这些问题。

这些问题是：

你的管理队伍拥有什么类型的业务经验?

你的管理队伍中的成员都是成功者吗?

每位管理成员的动机是什么?

你的管理队伍能完成经营计划中列明的任务吗?

你的公司和产品如何进入行业?

目前的市场潮流是什么?

在你所处的行业中，成功的关键因素是什么?

你如何判定行业的全部销售额和成长率?

对你公司的利润影响最大的行业变化是什么?

在你所处的行业中，季节性的影响因素是什么?

和其他公司相比，你的公司有什么不同?

为什么你的公司具有很高的成长潜力?

是什么使你的公司具有特殊的地位?

你的项目为什么能成功?

为什么说你的产品服务是有用的?

你的产品能为使用者带来什么?

你所预期的产品生命周期是什么?

技术上的进步对你的产品和企业会有怎样的影响?

你的产品的责任是什么?

是什么使你的公司和产品变得独特?

当你的公司必须和更大的公司竞争时，为什么你的公司会成功?

你的产品是满足了顾客的特定需求还是潜在需求?

你的产品有做为标识的商标名称呢?

你的产品可以重复使用吗?

你产品的质量是高还是低?

顾客是否是你产品的最终用户?

你的产品所面对的是大众消费者还是单个的大买家?

你的竞争对手是谁?

你的竞争对手在那些方面比你强?

和竞争对手相比，你具有哪些优势?

和你竞争对手相比，你如何在价格、性能、服务和保证方面和他们竞争?

你的产品有哪些替代品?

据你估计，你的竞争对手对你的公司会做怎样的反应?

如果你计划取得市场份额，你将如何行动?

在你的营销计划中，最关键的因素是什么?

你采取的主要是零售营销战略，还是行业营销战略?

在你的营销计划中，广告有多么重要?

你的广告计划对产品的销售会有怎样的影响?

当你的产品服务成熟以后，你的营销战略将怎样改变?

对你来讲，是否需要直销?

你的顾客群体有多大?

你的顾客群体在统计上的特征是什么?

从最初的购买者接触到实际的销售其延迟时间有多长?

你的设备能力有多大?

你认为公司发展的瓶颈在哪里?

你认为质量控制有多重要?

目前的储备有多少?

你的产品是在组装线上大批量生产，还是根据客户要求单独生产的?

在制造产品的过程中有哪些健康和安全方面的问题?

你的供应商是谁?他们的经营有多久了?

供应商的来源有多少?

目前是否存在着零件缺乏的问题?

你的公司有多少名雇员?

在最近的将来，你预计需求会是什么?

你公司劳动力供应来自何处?

公司的雇员是如何分类的，即全职工、临时工、管理人员、支持人员或生产/服务人员?

培训员工的费用是多少?

公司职工主要是熟练工人还是非熟练工人?

公司是否有工会组织?它与公司的关系怎样?

你公司的设备已使用了多少年?

每年公司的维修费用是多少?

你公司在今后 5 年中的资金需要量是多少?

你的竞争者是否在设备方面比你有优势?

你是租财产/设备还是买财产/设备?

你租用的条件是什么?

你欠了多少有抵押的债务?

根据你的经营计划，你公司设备是否能满足公司将来扩展的需要?

公司扩展是否要求重新定位?

谁拥有专利?

在你和专利人之间的许可协议是什么？

其他人是否也有许可协议？如果有，会对你的公司有什么影响？

目前的研究和开发方向是什么？

研究和发展部门的进展情况对将来的销售会有怎样的影响？

每年公司投入到研究和开发部门的费用是多少？

8. 你拿什么吸引投资人?

投资人最想知道的是“经营逻辑”，逻辑也就是你去怎样思考一件事。下面有关“经营逻辑”的问题，它们是投资人判断的依据。

(1) 有冷静的头脑和创业的热情

作为创业企业来说，管理者面临的问题将是成熟企业中的数倍，由于很多细节和流程没有形成标准，重复的时候甚至都会出现偏差，那么在这个时候，创业者也就是项目的管理者就需要具备冷静的头脑，要能在一团乱麻中找到并理出头绪，抓住主要问题和症结所在，用最有效的办法来解决这个问题；情绪化和过于幼稚的做事方法都会使得整个项目失控，从而失去投资价值。

更由于面临的问题很多，而且多数为挫折和负面信息，所以创意者能够持续保持创业的热情这很重要，投资人会关心创业者每周工作的时间是多久，工作效率是什么样的，平时的精神如何。

(2) 有创业的意识和精神

创业无疑是艰苦的，所以投资人多数希望创业者能够做好充分的心理准备，准备迎接即将到来的艰苦和寂寞，一个有创业精神的创业者身上所具备的气质是很独特的。

创业的艰苦不仅体现在多做事上，还体现在前期少拿回报上，很多成功的创业者，在创业之初都是没有工资和收入的，只是在创业后期，项目有一定收益的时候拿一些工作。

可以理解的是，投资人不希望自己投资的项目的全部风险都是自己来承担。他不希望项目方成为自己的打工者，要知道很多时候投资人只是注资不是收购或并购。这就要求创业者必须要有这个创业的意识，要知道，创业是为了改善以后的生活和提升个人的远期价值，但不是改善眼前的生活的。

（3）企业定位

企业定位反映出企业的经营策略，在产业价值系统里，你要用自己的产品和服务明确界定自己的角色。我们说劳力士卖的是附加在产品上的身份和名望，可口可乐卖的是品牌和配方。投资人总是试图从你的商业计划书中获得你对于企业定位，进一步说就是你得有与众不同的定位。

（4）执行摘要

这是吸引投资人愿意了解你的计划的唯一机会。在硅谷，比较标准的商业计划不会超过 20 页，执行摘要不超过 300 字，演示的话用 Ppt 不要超过 10 张。一个逻辑清楚的结构是三言两语就能讲完。执行摘要的重点在于你要按照顺序说明下面这几方面：市场团队、财务、技术。

（5）正当性

为什么要做？为什么现在做？为什么由你来做？正当性不是合法性，而是正确性。

知识和技术的创业通常都是发现问题，然后就要去解决问题，而没有很好的诊断问题。它没有跟投资人很清楚地报告为什么要用某种方法来解决问题，是否还有其他解决问题的方法，这仅仅是从 WHY 到解决的简单步骤，而没有回答好上面的三个 WHY。

（6）你承担什么风险？

不可以为自己准备救生艇。你今天去创业，那投资人要看你的风险是什么，投资人更多考虑的是你为此投入了多少时间、多少资源、多少金钱，甚至你是否愿意为他放弃你已经非常稳定的工作和收入。投资人不会愿意承担比你更大的风险。

（7）企业远景与经营模式说明

将好的构想妥为包装。你应当把你的企业标注得有非常清楚的远景，未来几年你的企业会变成什么样的格局，让投资人能有一个期待。

（8）产品与服务基本介绍

既能说明创意，又能保护自己的智能财产。创业者并不需要将创业计划中的核心技术问题全面透露，你让他感到有意思即可。

（9）最想要解决什么问题？

解决问题而不是制造问题。因为投资人对你的领域可能会很陌生，投资人可能会发现，不需要你那样大的成本就能达到同样的效果。你要清楚界定准备解决什么样的问题，而不要过度设计。

找到解决方案，就是找到市场。

（10）团队是否完整？缺少什么人才？

了解自己的不足，诚实面对它并要求协助。创业者的团队通常都有一个特点叫做臭味相投、物以类聚，你能说你们面对市场上其他优秀组合的竞争时，通过他们就能打赢这场仗吗？团队应当吸收各方的优秀人士加入。

你的团队如果能够勇于承认你的弱点，可能会获得投资人的帮助，你会得到投资人的真心相待。

（11）顾客在哪里？如何留住他们？

如果你是顾客，你会如何选择？这一点你应当为投资人解释，但是不要废话。有人说我留住顾客的方法就是不断地给他折价券，其实这完全不算是留住顾客的策略，因为只要别人给了更大折扣的折价券，顾客马上走。应当以好的产品和服务去开发顾客。你要让顾客体验到价格以外不可替代的价值。

（12）投资人的竞争者在哪里？核心竞争力如何？

新经济时代，竞争者无所不在。告诉你的投资人竞争者在哪里，即让投资人知道他投资的潜在风险是什么？所谓核心竞争力是什么呢？就是发展你的核心成员，运用你的核心技术，达到你的核心目标。

（13）市场占有率几何？如何推论？

积极进取或一厢情愿，其实只有一线之隔。不进则退，你应该有一个快速成长的规划，你应当告诉投资人，你有多大的野心，你将在多短的时间内获得多大的市场占有率，投资人才有机会为投资得到回报。你要证实你推论的可信性。

（14）何时损益平衡？如何推论？

推论一定要有数据支持，不能凭空想象。

（15）介绍专业词汇

展现表达与沟通技巧，这是企业领导人的重要特质。沟通与传播不仅是口才的问题，面对投资人、面对股东、面对那些非专业的人士，你应该有本事把你的专业讲到他们听懂，讲到他们喜欢。

第八章 创业路上的修炼，让事业茁壮成长

经验来自不断地摸索与积累，绝对没有哪一仁人志士天生下来就什么都懂、什么都会。千里之行始于足下，一定要踏实，一步一个脚印。创业者一定要对经营管理有足够的重视，因为市场如同无情的战场，他对弱者的惩罚并不会因为你的无知而有所宽容。

1. 创业的“不怕”与“怕”

当你走在创业的路上，渴望开创一片新的事业天空，书写一段新的人生篇章时，很多带着激情和梦想的创业者，就身不由已地陷入了重重误区，大大降低了创业的成功概率。

本书著者结合长期的咨询服务经历，亲眼目睹众多创业者的起起落落，总结出6对“不怕”与“怕”，值得创业者关注。

（1）不怕分工精细，就怕执行不力

精细分工，不仅让责任落实到人，而且能够人尽其才、才尽其用，充分发挥各个股东的专长。但是很多创业者在实施精确的分工之后，尤其是对于兼职创业的人来说，却因创业之外的“主业”，耽误了创业工作的落实，造成执行不力。

执行不力不仅会造成细分工作的延误，也会造成整体工作的推迟，更严重的是，执行不力会贻误创业路上的良好时机，造成一部落后，步步落后。

因此，对于创业者而言，精细分工是好事情，能够在精细分工的基础上精诚合作，拥有把信送给加西亚的精神，全力以赴、机动灵活地完成各自的工作更是重中之重。

（2）不怕深谋远虑，就怕脱离实际

人无远虑，必有近忧，这句古话警示我们为人处世眼光要放远，不可鼠目寸光。于是，许多创业者开始创业的时候，就眼光盯着深沪股市，心理挂着纳斯达克。

不想当将军的士兵不是好士兵，想着上市既是宏伟目标和远大抱负的生动体现，也有助于提振士气。

但是，不少创业者对于眼前要处理的棘手工作，却很难提起兴趣，这种脱离实际的风格，亦会造成执行不力，贻误发展良机。

一切要从实际出发，战略制定要“由下到上”，否则，不能高效实施的战略都是空中楼阁，海市蜃楼，除了在谈论时能够带来一点兴奋，其他就没有什么大的作用了。创业者应该大处着眼，小处着手，一步一个脚印地奋勇前进。

（3）不怕兢兢业业，就怕迷信自己

做事兢兢业业，是个良好的品质。在创业过程中，努力不一定能够成功，但是，不努力则一定不能成功。

可以说，兢兢业业是创业成功的基石。

但是，过犹不及，物极必反，对于创业者来说，兢兢业业不能导致迷信自己，仿佛自己精通所有的事情，对很多工作都要“亲自过问”，甚至在评判上唯我独尊，造成好的策略方案流进了垃圾桶，最后受损最大的自然是创业者。

所以，闻道有先后，术业有专攻，创业者必须杜绝迷信自己，必须从事情的整体进展和专业性出发，在努力做事的同时，也要努力做一个合格的决策者，而不仅仅是一个兢兢业业的“做事者”。

（4）不怕资金短缺，就怕不会花钱

如果有钱才能创业，那么，这个世界就不会有王永庆或李嘉诚的成功了，很多创业者都是白手起家的典范。对于创业者来说，没有足够充裕的资金并不可怕，不会花钱才真的可怕。

该花的钱一分钱不能少，不该花的钱一分钱不应多。创业者要有这样的理念。但是，究竟什么样的钱该花呢？

在创业初期，对快速达成销售有利同时又能有效提升品牌形象的钱，大多是要花的，其余的则可以暂缓。

尤其是一些“花花草草”的形象工程，对于资金短缺的创业者来说，大多都是可以“顺延”的。毕竟，对于资金不足的创业者来说，迅速盈利以保障生存就是创业的硬道理。

(5) 不怕股东济济，就怕权责不分

为了积聚更多资金、人才和人脉，同时也为了适度降低个人创业的风险，不少创业者都会选用合股的形式进行创业。于是，出现了各路股东济济一堂的热闹场面。

股东经济本是件好事，精英汇聚，本是件好事，但若权责不分，大大小小的事情都要在一起开会研究，瞻瞻前顾顾后，你一言我一语，费劲九牛二虎之力也难以达成共识，后面的事情又该怎么办?

所以，对于创业者而言，一定要在股东济济的基础上，分清权责，专业的事情授权给专业的人才来做，责任由相应的专业人才负责。这样就能很好地处理意见分歧带来的矛盾与后果。

(6) 不怕经验缺乏，就怕一无所依

经验很重要，但是，经验不是创业成功的第一关键。例如，没有一个女人是学会生孩子再去结婚生子的，也没有一个孩子是学会走路再来到这个世界上的。

凡事总要有个先后顺序，创业总要有个学习和积累的过程。

所以，对于创业者来说，没有足够的经验并不可怕，但是，创业者一定要整合可以产生效益的资源，找到可以施展才能的平台，然后依靠这些资源和平台，边干边学，边学边干，把握时机，有错就改，持之以恒地积累经验。

一无所依只会让创业者手足失措，焦头烂额，不知如何下手，陷入一片迷茫。创业者必须竭力避免。

2. 创业路上，别怕吃苦

“今天很残酷，明天更残酷，后天很美好，但是绝大多数人都死在明天晚上看不到后天的太阳。”马云常常这么对青年创业者说。

创业路上，充满了疑虑、未知与艰辛，大学生虽然拥有青春的激情、充沛的精力以及坚实的理论和专业基础知识等优势，然而他们同样也存在着社会经验不足、遇挫心理承受能力差等劣势，唯有坚守理想，肯于吃苦的人才有可能成功。

如果你做为一个创业者。原来没创过业，你想着一步登天，也不切实际，好高骛远也不切实际，所以还是要做好吃苦的准备。

俞敏洪最早提着糨糊刷墙、刷小广告，宗庆后最早在北京骑三轮送冰棍。

很多人看到别人发财了，就眼红得不行，也跃跃欲试。可一想到从此要起早贪黑地操心忙碌，早晨再也睡不成懒觉了，再也不能像过去那样舒心地打麻将和玩牌了，他就泄了气。“我就是这样的人”，表面上看来，说这话的人好像很了解自己，其实是在安慰自己。这也是典型的不能吃苦的表现。

人常说：创业者伟，为什么呢？这个“伟”字不仅体现在有胆量，敢去创业上，更体现在吃苦耐劳、无惧风雨上。创业不是一件轻松的事情，尤其是在一穷二白的基础上，那一点点钱无不浸透着辛苦的汗水。

历览富豪榜上的富人，大都经历过苦难，但他们面对苦难表现出的是忍耐、接受和坦然面对，坚持下来的都成了富人。而面对辛苦退缩的人，至今仍碌碌无为。

金钱是有灵性的，喜爱有志气、有骨气、能吃苦的人，也愿意待在这些人的身边。反观那些通过不正当求富的人，过不了多久财富就会离他们而去。

所以，为了金钱吃些苦是正常的，不通过吃苦就想获得财富，在这个社会是行不通的。

世界上的事，从来都是一分耕耘，一分收获，怕吃苦、图安逸是成不了大事的。请想想，哪位杰出人物不是吃尽人间许多苦才奋斗出来的？看看你周围那些有成就的人，有几个不是先“吃得苦中苦”，现在才成为“人上人”的？

俗话说：小老板靠勤奋吃苦赚钱，中老板靠经营管理赚钱，大老板靠投资决策赚钱，可中老板、大老板哪个不是从小老板发展而来的，又有几个没经过吃尽甘苦的过程？自古英雄多磨难，从来纨绔少伟男。

要记住：能吃苦，吃半辈子苦；不能吃苦，吃一辈子苦。

许多人都这样评价温州商人：世界上的人都知道温州人会做生意，沿海靠山赋予他们这种开放和冒险的精神，而最主要的是温州人能吃苦。

现在温州人富了，人们便认为他们不再吃苦，但他们想错了。温州人的创业基因使他们仍甘愿放弃舒适的生活，不断地吃苦，使自己在困难中得到磨炼，在吃苦中获得成长。

2005 年 5 月 6 日，温家宝总理在意大利对罗马华侨会长及 40 多位温州籍华侨说：“意大利人说，他们九个人中就有一家企业。我说，我们温州人一个人也能办一家企业，其实温州人的精神就是一种创业精神。我知道出来的中国人都很艰辛，今天大家穿得整整齐齐，但当年出来时不知道吃了多少苦，到今天这一步相当不易。温州人能吃苦，而且吃苦不叫苦，这就是中国人的力量所在。”

无论是对个人还是对一个民族而言，懒惰都是一种堕落的、具有毁灭性的东西。懒惰是一种精神腐蚀剂，因为懒惰，人们不愿意爬过一个小山岗；因为懒惰，人们不愿意去占胜那些完全可以战胜的困难。

因此，那些生性懒惰的人不可能在社会生活中成为一个成功者，他们永远是失败者。成功只会光顾那些辛勤劳动的人们。懒惰是一种恶劣而卑鄙的精神重负。人一旦背上了懒惰这个包袱，就只会整天怨天尤人，精神沮丧、无所事事。

亚历山大征服波斯人之后，他有幸目睹了这个民族的生活方式。亚历山大注意到，波斯人的生活十分腐化，他们厌恶辛苦的劳动，却只想舒适地享受一切。亚历山大不禁感慨道：没有什么比懒惰和贪图享受更容易使一个民族奴颜婢膝的了，也没有什么比辛勤劳动的人们更高尚的了。

有一位外国人周游世界各地，见识十分丰富。他对生活在不同地位、不同国家的人有相当深刻的了解，当有人问他不同民族的最大的共同性是什么，或者说最大的特点是什么时，这位外国人回答道："好逸恶劳乃是人类最大的特点。"

一位大主教认为："一个人的身心就像磨盘一样，如果把麦子放进去，它会把麦子磨成面粉，如果你不把麦子放进去，磨盘虽然也在照常运转，却不可能磨出面粉来。"

确实，一心想拥有某种东西，却害怕或不敢或不愿意付出相应的劳动，这是懦夫的表现。无论多么美好的东西，只有付出相应的劳动和汗水，才能懂得这美好的东西是多么的来之不易，因而更加珍惜它，才能从这种"拥有"中享受到快乐和幸福，这是一条亘古不变的真理。

即使是一份悠闲，如果不是通过自己的努力而得来的，这份悠闲也并不甜美。不是用自己劳动和汗水换来的东西，你就没有为它付出代价，你就不配享用它。

3. 躲避创业风险的“兵法”

创业投资和带兵打仗一样，要讲究战术策略。《孙子兵法》凭借“三十六计”成为战争史上的经典兵书。其实，在创业致富过程中，也有一些“兵法”可以帮助创业者规避投资风险。

总体来说，就是要分析、评估、预防、转嫁。

学会分析风险。

创业者对每一经营环节都要学会分析风险，做什么都不能满打满算，要留有余地，对可能出现的风险要有明确的认识和克服的预案。

善于评估风险。

通过分析，预测风险会带来的负面影响。例如，投资一旦失误，可能造成多大损失；投资款万一到期无法挽回，可能造成多大经济损失；贷款一旦无法收回，会产生多少影响；资金周转出现不良，对正常经营会造成哪些影响……

积极预防风险。

例如，对投资方案进行评估，对市场进行周密调查，制定科学的资金使用政策等。一旦某个环节出了问题，要有采取补救措施的预案，尽可能减少负面影响。同时，还要加强管理，建立健全企业各种规章制度，特别是合同管理、财务管理、知识产权保护等；在平时的业务交往中要认真签订、审查各类合同，加强对合同履行过程中的监督。

设法转嫁风险。

风险不可避免，但可以转嫁。例如财产投保，就是转嫁投资意外事故风险；购商品是转嫁筹资风险；以租赁代替购买设备是转嫁投资风险。创业也是如此，个人独资承担无限责任，但几个人共同投资，就是有限责任，就能分散风险。

具体到实际操作中，应当注意以下几点。

（1）不要大量借贷投资

普通大众大多是小本投资，由于经济相对比较拮据，又希望手中这点钱赚钱，在投资过程中，只能赢，不能输，因此，开始投资时，要根据自身的情况量力而行，不能借贷太多。因为大量借贷风险大，创业的心理压力大，极不利于经营者能力的正常发挥。

（2）不要盲目去做热门生意

在创业初期，很多人由于不熟悉市场，往往是跟着感觉走，也不考虑自身情况，看到别人做什么生意赚了钱，盲目仿效跟风。这样，往往因为市场供过于求或不适合做这项经营，结果血本无归。

因此，在投资时要学会钻空子、找冷门，做到“人无我有”。

（3）起步不要贪大求全

有的人刚投资创业时，由于心中没底，见别人开公司办企业大把大把赚钱，心就痒痒，总想一口吃个大胖子，到头来很有可能吃大亏。因此，对于手中没有较多资金又无经营经验的投资者，不妨先从小生意做起。

小买卖虽然发展慢，但用不着为亏本担惊受怕，还能积累做生意的经验，为下一步做大生意打下基础。以较少的资本搞小生意，先了解市场，等待时机成熟，再大量投入干大生意，是很多小本投资者的经验之谈。

（4）学门技术稳当赚钱

交一些学费，学一门专业技术，也不失为一种稳当的投资方式。21 世纪是知识经济时代，要想跟上时代步伐，就必须重视智力投资，结合自身情况学好一门手艺，就不愁找不到赚钱的路子。

（5）不要轻信致富广告

现在，一些吹嘘“投资少，见效快、回报高”等能一夜暴富的广告铺天盖地。其实，投资的利润率一般处于一个上下波动但相对稳定的水平。投资项目的利润有高低，但不会高得离谱。因此，投资者在选择项目时，最好先到当地技术部门、工商部门咨询一下。

(6) 选择遗忘的“角落”

小本投资者由于势单力薄，经不起市场竞争的大风大浪。因此，在选择投资项目时就应审时度势，既不要向市场强大的对手挑战，也不要白费精力紧随其后。要选择别人不愿意干或尚未顾及的那部分市场，采取补缺填空策略。

这样既可以开发属于自己有利可图的“角落”市场，同时又最大限度地避免与强手直接较量。但是，必须做好三方面的工作。

一是要善于把握市场和紧跟市场；

二是要善于在市场上捕捉商机；

三是要善于创造新市场，背靠“大树”好乘凉，小本投资者选择依附大企业，走“寄生型”发展之路，也不失为一条回避风险的良策。

(7) 集中优势联手协作

小本投资由于规模小实力弱，不可能四面出击，收到规模效益。通过几家小投资者联手，集中优势攻入目标市场，力争哪怕是在一个小小的领域里形成相对优势，创出自己的特色，从而使势力得到发展壮大。

当然，这种联合应当做到以下几点。

一是集中优势，每个合作者都将自己的优势贡献出来，形成一个统一的核心优势；

二是相互信任，坦诚相待，效益共享，风险共担；

三是不必长期联合，有机会则聚，任务完成则散，协作对象不固定，通过合作获利来壮大各自的实力。

4. 创业品质铸就无形资本

“你创业了吗?”这句曾是美国硅谷人见面时的问候语，如今已成为部分中国人的常用语。

创业，无疑当今最红火的词语。据不完全统计，目前中国约有 1 亿人在创业。但另一项统计显示，我国 68% 的中小民营企业，其生命周期不超过 5 年。如今虽是创业的年代，但老板并非人人能当，更并非所有的创业者都能获得成功。

就如同古时行走江湖的侠客不仅要有随身称意的兵刃，更需具备几手“必杀技”一般，创业，除需具备资金等外部条件外，同样更需要具备一定的心理素质和个性方面的特征，即所谓“创业品质”。

创业品质就是创业需要的特质，是创业家依赖的最重要的无形资本，下文所列是创业专家提出的十大创业品质。

（1）诚信——创业立足之本

市场经济已进入诚信时代，作为一种特殊的资本形态，诚信日益成为企业的立足之本与发展源泉。

风险投资界有句名言：“风险投资成功的第一要素是人，第二要素是人，第三要素还是人。”此话足以证明风险投资家对创业者个人素质的关注程度。在他们看来，创业项目、商业计划、企业模式等都可适时而变，唯有创业者品质难以在短时间内改变。

创业者品质决定着企业的市场声誉和发展空间。不守“诚信”，或可“赢一时之利”，但必然“失长久之利”。反之，则能以良好口碑带来滚滚财源，使创业渐入佳境。

（2）自信——创业的动力

日本八佰伴集团创始人和田一夫开始时仅经营一家小水果铺，还被一场大火烧得赤手空拳。但是，在“不摧毁旧的，就不能建设新的”信念支持下，他最终东山再起，成为名噪一时的创业家。

人的意志可以发挥无限力量，可以把梦想变为现实。对创业者来说，信心就是创业的动力。要对自己有信心，对未来有信心，要坚信成败并非命中注定而是全靠自己努力，更要坚信自己能战胜一切困难。

（3）勇气——视挫败为成功之基石

硅谷有着“创业大本营”的美誉，在这儿，每年都有数以万计的企业倒下，同时也有成千上万的创业者一夜暴富。美国知名创业教练约翰·奈斯汉说：“造就硅谷成功神话的秘密，就是失败。失败的结果或许令人难堪，但却是取之不尽的活教材，在失败过程中所累积的努力与经验，都是缔造下一次成功的宝贵基础。”

成功需要经验积累，创业的过程就是在不断的失败中跌打滚爬。只有在失败中不断积累经验财富，不断前行，才有可能到达成功彼岸。美国3M公司有一句关于创业的“至理名言”：为了发现王子，你必须与无数只青蛙接吻。对于创业家来说，必须有勇气直面困境，敢于与困难“接吻”。

（4）领袖精神——创业至上的无形资本

一只狮子领着一群羊，胜过一只羊领着一群狮子。

这一古老的西方谚语说明了创业者领袖精神的重要性。企业成功离不开团队力量，但更多层面上取决于领导者本人。创业者是企业的一面精神旗帜，其一言一行都将影响企业的荣辱兴衰。

企业文化被称作企业灵魂和精神支柱。而企业文化精髓就是创业者的领袖精神，这是凝聚员工的一笔“不可复制”的财富，更是初创企业生存和发展的关键。

许多优秀的跨国企业中，这种领袖精神随处可见。摩托罗拉公司对高尔文“摩托罗拉大家庭”理念的继承，戴尔公司对戴尔“效率至上”原则的推崇，都证明了企业领袖精神的重要性。

对创业者来说，注重塑造领袖精神，远比积累财富更重要，因为财富可在瞬间赢得或失去，但领袖精神永远是赢得未来的无形资本。

（5）爱心——创业成功的催化剂

在竞争日趋激烈的今天，产品和企业的公众形象定位，对创业成功与否起着关键作用。富有爱心，则是构成诚实、良好商业氛围的重要因素。从某种角度看，爱心是创业成功的“催化剂”。

惠普创始人戴维·帕卡德提出：“一个企业对社会的责任远远重要于对股东的责任。”这位亿万富翁住在一栋简朴的房子里，却为许多大学和公益基金会捐了无数款项。

企业通过积极承担社会责任，热情支持公益事业，形成良好的社会口碑，反过来对企业的发展将产生强劲的支持作用。

一位成功人士就曾感叹说，有时候花再多的钱做广告，不如多做一些对社会有益的事情，更能起到事半功倍的效果。

（6）社交能力——借力打力觅捷径

以往人们总是强调自主创业，但如今这种观念正在改变，人际关系在创业中的作用逐渐加大，人脉圈日益成为创业信息、资金、经验的“蓄水池”，有时甚至在商业活动中能起到四两拨千斤的神奇功效。

目前“朋友经济”在招商中的作用日益显现。北京大学中国金融投资家俱乐部的成员就包括投资公司老板、证券商、银行家以及政府部门金融方面官员，他们手中掌控着1200亿元资本和无限商机。

在当今提倡合作双赢的时代，过去那种单枪匹马的创业方式已越来越不适应时代需求。扩大社交圈，通过朋友掌握更多信息、寻求更大发展，日益成为成功创业的捷径。

(7) 合作能力——趋时避害形成合力

携程计算机技术（上海）有限公司总裁季琦告诉青年创业者，“携程网”的成功，除了抓住当初互联网快速发展的契机，有一个良好的创业团队是关键。

“携程网”的团队成员来自美国 Oracle 公司、德意志银行和上海旅行社等，是技术、管理、金融运作、旅游的完美组合。大家在一起创业，分享各自的知识和经验，同时也避免了很多创业“雷区”。

(8) 创新精神——创业成功的维生素

金利来领带的创始人曾宪梓说：“做生意要靠创意而不是靠本钱!”在竞争激烈的市场中，缺乏创新的企业很难站稳脚跟，改革和创新永远是企业活力与竞争力的源泉。

万科集团在 1988 年发行了大陆第一份《招商通函》，目前该公司已成为全国房地产知名企业和中国最具发展潜力的上市公司；上海复兴高科积极推进与数十家国有企业合资合作，用民营企业机制同国有企业资产实行有效嫁接……这些企业的成功，都离不开创业家挑战成绩、自我加压、勇于创新的精神。

(9) 魄力——该出手时就出手

商海女杰菲奥里纳在面对戴尔、IBM 等领先者时对惠普员工说：以前我们要做到 95 分才推出，现在我要求 80 分时就推出，然后慢慢改进；以前是瞄准、准备、开火，在网络时代里，瞄准了就要开火，没有时间准备。

在创业界，往往是风险与机会并存。创业者必须善于发现新生事物，并对新生事物有强烈的探求欲；必须敢于冒险，即使没有十足把握，也应果断地尝试。

(10) 敏锐眼光——识时务者终为俊杰

张明正拿到电脑硕士学位后，选择了被时人称为“旁门左道”的防病毒软件作为主攻方向。1999 年 4 月，第一个通过电子邮件传播的“梅丽莎”病毒忽然爆发，正当众多 IT 企业无计可施时，张明正的“传奇故事”诞生了，他的“解药”被大量使用，他创立的趋势科技公司目前市价已逾 100 亿美元，张本人也先后两次被美国《商业周刊》推选为“亚洲之星”。

生意场上，眼光起了决定性作用。很多资金不多的小创业者，都是依靠准确抓住某个不起眼的信息而挖到“第一桶金”的。市场经济刚起步时，机会特别多，好像做什么都能赚钱，只要你有足够胆量和能力。

但如今每个行业每个领域都有人做，激烈的市场竞争宣告“暴利时代”已经结束，取而代之的是“微利时代”。因此，创业机会必须靠创业者自己发掘。

5. 大学生创业如何降低失败率

据不完全统计，创业企业的失败率高达70%以上，而大学生创业成功率只有2%~3%，远低于一般企业的创业成功率。那么，如何尽可能地提高大学生创业的成功率，应该从以下几个方面入手。

(1) 有一份完整的创业计划书

大学生创业必须制订一个完整的、可执行的创业计划书，即可行性报告，主要回答你所选的项目能否赚钱、赚多少钱、何时赚钱、如何赚钱以及所需条件等。回答这些问题必须建立在现实、有效的市场调查基础上，不能凭空想象，主观判断。

根据计划书的分析，我们再要制订出企业目标并将目标分解成各阶段的分目标，同时订出详细的工作步骤。

(2) 要有周密的资金运作计划

资金如同企业的粮食，要保证企业每天有饭吃，不能饿肚子，就要制订周密的资金运作计划。在企业刚启动时，一定要做好3个月以上或到预测盈利期之前的资金准备。

但开业后由于各种情况会发生变化，比如销售不畅、人员增加、费用增加等等，因此要随时调整资金运作计划。而且，由于企业资金运作中有收入和支出，始终处于动态之中，创业者还要懂得一些必要的财务知识。

(3) 为自己营造一个好的氛围

大学生创业由于缺少社会经验和商业经验，如果把自己独立放到整体商业社会，往往会难以把握。这时可以先给自己营造一个小的商业氛围，进入行业协会是比较有效的一条途径。创业者可以借助行业协会了解行业信息，结识行业伙伴，建立广泛合作，促成自己在行业中的地位和影响。

同时，创业者可选择一个能提供有效配套服务的创业（工业）园区落户，借助其提供的优惠政策、财务管理、营销支持等服务，使企业稳定发展。

另外，还可以找一个经验丰富的企业管理咨询师做企业顾问，并学会借助各种资源，学会和各方面的人合作，千方百计给自己营造一个好的商业氛围，这对创业者的起步十分重要。

（4）从亲力亲为到建立团队

企业不是想出来的，是干出来的。大学生有文化、头脑灵、点子多，但在创业的初期，受资金的限制，在没有形成运作团队之前，方方面面的事情必须自己去做。只有明确目标不断行动，才能最终实现目标。

在做事的过程中，要分清主次轻重，抓住关键重要的事情先做。每天解决一件关键的事情，比做十件次要的事情会更有效。

当企业立了足，并有了资金后，就应该建立一个团队。创业者应从自己亲力亲为，转变为发挥团队中每一个人的作用，把合适的工作交给合适的人去做。

一旦形成了一个高效稳定的团队，企业就会跨上一个台阶，进入一个相对稳定的发展阶段。

（5）盈利是做企业最终的目标

做企业的最终目的就是盈利，因此无论是制订可行性报告、工作计划还是活动方案，都应该明确如何去盈利。大学生思维活跃，会有许多好的点子，但这些好的点子要使他有商业价值，必须找到盈利点。

企业的盈利来源于找准你的用户，因此，企业要时刻了解你的最终使用客户是谁，他们有什么需求和想法，并尽量使之得到满足。

（6）失败是迈向成功的阶梯

在企业的运作过程中失败是难免的，失败了不气馁，调整方案，换个方式和方法继续前进，永远不要停止前进的脚步。

对于创业者来说这很重要。看看我们身边一些成功的企业，特别是网络时代的英雄们，有几个是按他们创办初期的想法赚到钱的，他们大都经历过一个“死而复生”的过程，坚持就是胜利，唯有坚持才使他们成为今天的网络英雄。我们应该明白，失败并不可怕，它是企业迈向成功的阶梯。

6. 搬开创业路上的绊脚石

每个走在创业之路上的大学生都希望创业获得成功，然而，在走向成功的道路上，却有许许多多的障碍需要我们去倾心尽力地加以克服，例如性格上的缺陷，就是横在成功道路上的一块绊脚石，假如不能很好地克服它，不仅难以获得成功，还会导致败笔连连！不信，你可以看看——

（1）害怕冒风险

要想成功而不承担任何风险几乎是不可能的。20 世纪最有远见和创造性的人物之一沃尔特·迪斯尼说过："如果我们有勇气去追求，所有梦想都能实现。"如果每一个有过"杰出"主意的人都有勇气去身体力行，这世界的面貌就不是今天这个样子了。

但在现实生活中，只有极少数人敢冒风险，并在风险之中把握住成功的机会而成就一番事业。为了成功，必须要克服害怕冒风险这一弱点，因为风险孕育着成功的希望！

（2）恃才傲物，目中无人

著名画家徐悲鸿曾说过："人不可有傲气，但不可无傲骨。"青年人年少气盛，最易犯恃才傲物这个毛病。自满者，人损之；自谦者，人益之。须知在现代社会，已不可能"一个人包打天下"，一个人要成功，要靠众人的帮助。

当一个青年处处盛气凌人时，自我感觉也许很好，但慢慢你就会发现，他周围的朋友越来越少，自己会处于孤立无援的境地。

(3) **凡事以自我为中心**

如果一个人事事想着自己，做任何事都以自己的个人利益和感受为出发点，那么也许他个人利益不受任何损失，但他同时也失去了更多更宝贵的东西。在一个团体中，事事以自我为中心，必然会给上司和同事留下不好的印象。在工作中得不到他们的支持，就不可能顺利取得成功。

帮助别人，不但能提高自己的生活质量，也能提高你周围人的生活质量，你帮助他们成功，他们也乐意帮助你成功，相互取长补短，在这样的环境下，每个人都是胜利者。正如西方谚语所讲："赠人玫瑰，手有余香"。

(4) **缺乏怀疑精神**

现代科学史上，每一理论的创立都是在借鉴前人的成果和已有的知识经验基础上进行探索，提出新问题，从而进行创新。

伽利略敢于向当时的权威打挑战，抵住世俗的压力，在比萨斜塔进行"两个铁球现时落地"的实验，纠正了重的物体先落地的谬论；爱因斯坦敢于冒天下之大不韪，突破牛顿经典力学理论束缚，创立相对论；魏格曼大胆设疑，标新立异地提出大陆漂移假说，成为一代地理学家。

没有怀疑的精神，安于现状，不思进取，墨守成规的人永远不可能拥抱成功。

(5) **不善于控制自己的情绪**

任何人都不能保证自己的心情在任何时候、任何地点都始终舒畅，青年人的情绪波动起伏更是明显，如果我们把自己不愉快的心情带到创业过程中，无疑会受到不良的影响。

事实上，在某一领域取得成功的人除了能力突出外，善于进行情绪控制也是其中一个重要原因。

"喜怒不形于色"，既不因为某点成绩低落怨天尤人影响自己的工作。我们需要培养并发扬积极的情绪，避免或消除低落的情绪。

（6）意志不够坚定，目标不够专一

在当今多元化的社会里，现实中的诱惑实在太多，当我们为一个目标努力奋斗时，也往往因为把持不住自己而使既定目标无法实现。社会的浮躁促使我们更应在奋斗过程中意志坚定，目标专一。

我国古代“精卫填海”“愚公移山”的神话故事都说明了意志坚定、目标专一对于取得成功是多么重要。

我们周围许多年轻人，他们并不缺少才华和智慧，但往往在事业受阻时遇难而退，导致功亏一篑，其教训就在于缺乏坚定性。

（7）缺乏计划

没有计划，在实现目标的过程中只能是事倍功半，有些人的目标很明确，其他条件也具备，但因为没有一个可实施的计划而未能取得成功。

有时，计划甚至比目标还重要，因为真正能帮你实现目标取得成功的是计划。实现目标的过程，就是实施计划的过程。

你要首先订出长期计划，然后在此基础上订出中期计划，短期计划，再把计划分解成季计划、月计划，周计划，甚至日计划。

这样，你就可以按计划逐步向成功迈进，而不会在远大的目标面前显得手忙脚乱。

（8）缺乏忧患意识

很多青年人在事业一帆风顺的时候往往缺乏应有的忧患意识，或者没有考虑到下一步应该怎样走。事实上，任何 个成功者都在事业处于上升期时就考虑到了下一步可能遇到的困难，并做好充分准备，正如孟子所说：“生于忧患，死于安乐。”

一个希望取得成功的人，他应该知道自己将来往哪里走，如果连自己都不知道要往哪里去，任何方向对他来说都是无意义的。无论何时，都应有忧患意识，并在忧患意识的影响下走好每一步，不断接近成功。

(9) 不留意身边的机会

机遇是平等的，它给予每一个人的都一样多，机遇又是不平等的，它只垂青于那些有准备的头脑。亿万富豪李晓华，以其敏锐的眼光，发现并抓住了身边的机会，成就了一番事业。20世纪80年代初，在一次展览会上，他看中了一部冷饮机并高价买回，在秦皇岛海边的一个夏天，他靠卖冷饮这门独家生意赚到了一笔可观的收入。

他意识到来年冷饮业竞争必然会激烈，于是把冷饮机转卖出去而承包了一家录像厅，这在秦皇岛又是第一家，先行一步的李晓华在放映录像这一行业又赚了一大笔钱。

等其他人纷纷跟进录像放映时李晓华又退出了这一行业。并获得了“章光101”在日本非常畅销的重要信息，他马上与生产厂家联系，成为第一个在日本销售“章光101”的代理商，使他的财富又翻了几番。

正是因为他十分注意身边的机会，及时抓住机遇，从而使生意越做越大，财富越积越多。只要你留意一下自己的周围，其实机会无处不在。

(10) 动口不动手

动口不动手是青年朋友的通病。很多青年人心血来潮时决心很大，并把决心写在纸上，订出实现决心的计划，但热情随时间的流失而慢慢冷却乃至消失。

很多人等别人取得了成绩才想起自己的计划，并后悔当初没有以实际行动来执行自己的计划或者坚持下来，于是，他们又开始为新的目标订出计划，日复一日他们一直都在动口不动手。

成功是行动做出来的，不是嘴巴说出来的。天天躺在床上想怎样成功是无济于事的，关键是要拿出行动来，并长期坚持下来，才会帮你取得成功。

7. 努力奋斗，是创业的唯一出路

每一个人都想着自己哪一天能够赚一大笔钱，有些人为之奋斗，有些人坐等其成，最终造就了成功者与失败者。无论做什么事情，都要拿出150%的努力，这是你唯一的出路。

许多年前，一位很有智慧的老国王召集了他的大臣，要求他们：“我要你们编一本《古今智慧录》留传给子孙。”接受任务的大臣离开后，工作了很长时间，最终完成了一套12卷的巨作。

国王看了说：“各位先生，我相信这些都可以称得上是古今智慧的结晶，但是太多了，我想没人会愿意把它读完。精简点！”

这些大臣又努力工作了一段时间，几经删减，写成了一卷书。可国王还是认为太长，又命令他们再浓缩。从一册到一章，从一章到一段，最后一段变成了一句：“天下没有免费的午餐。”

国王看后终于满意了，也很得意。“各位先生，”他说，“这的确是古今智慧的结晶，我们全国各地的人只要知道这个真理，大部分的问题就可以解决了。”

你想要高职位、高薪水，可以；你想要体面的生活、别人的尊敬，可以；你想使你的家人、你的爱人幸福，可以……一切都可以，只要你努力。那些不愿意付出的人，必然一无所获，因为天下没有免费的午餐，不劳就没有得，幸福是不会从天而降的。

机遇只会留给有准备的人。看到别人创业成功，有人也许会有“凭什么是他不是我”的不满。其实，别人凭借的就是在你没有看到的时候所做的努力。这是个讲究愿买愿卖、双向选择的世界，没有人逼你一定要一天工作12

个小时，你不愿意当然可以不做。但是，当你做的时候，要时刻记住：带着笑脸去做。

在一家跨国汽车公司，山姆只是技术支持中心一名普通的工程师，但他非常想干好毕业后的这第一份工作。

当时经理考核他的标准是每个月完成了多少任务，解决了多少客户的问题，花了多少时间在客户身上，这些都记录在公司的报表系统每月给他出的“成绩单”上。

每月得到这个“成绩单”时，山姆才会知道自己上个月做得怎么样，在整个队伍里处于什么样的水平。他想，如果可以比较快地得到“成绩单”报表，从数据库内部推进到每天都有一个报表，从经理的角度，岂不是可以更好地调配和督促员工？而从员工的角度，岂不是会更快地得到促进和看到进步？

与此同时，他还了解到现行的月报表系统有另外一些缺陷：当时纽约技术支持中心只有三四十人，如果遇到新产品发布等原因业务量突然增大或者一两个员工请病假，很多工作就会被耽误甚至直接接到客户投诉。

这两方面都让山姆觉得中心要有更快速反应的报表系统，而当时使用的报表系统是从底特律公司照搬过来的，底特律有3000名工程师，即使业务量突然增大或有十来名员工请病假也没什么原则上的大问题。

意识到这些问题后，山姆花了一个周末的时间做出了一个具有他所期望的基础功能的报表小程序，并向分公司的经理展示了一下这个小程序。他的想法和小程序非常有价值，经理鼓励山姆完成并花了很多时间与他探讨希望看到哪些数据。一个月后，山姆的“业余作品”实际投入了使用。

在业余时间里，山姆每个月都不断新增报表系统的功能。这套系统的应用范围不断扩大，后来，这个系统在许多分公司也得到了采用。

由于山姆出色的创新性工作，他获得了一个重要的升迁机会。因为他勇于承担责任，这使公司的高层看到了他的一些潜在品质，认为他可以从更高的管理角度思考问题，便让他组建亚洲现场支持部。

被提升做经理以后，山姆开始更多地从经理角度考虑如何为公司增加价值。

长颈鹿的脖子也不是天生就那么长，人也不是天生就能够直立行走，同样地，如果你希望将自己的右臂锻炼得更强壮唯一的途径就是利用它来做最艰苦的工作。相反，如果长期不使用你的右臂，让它养尊处优，其结果就是使它变得更虚弱甚至萎缩。

从大学生创业的现实角度看，创业本身就意味着艰苦奋斗开创事业。而大学生正值青春年少，踌躇满志，善于捕捉机遇而容易缺乏长期奋斗的意志。此外，大学创业者其能力、经验相对社会人员明显不足，更应坚持奋斗、以勤补拙。

首先，对于凤毛麟角的创业成功者，奋斗在成功的道路上起着主导的作用。一个缺乏奋斗精神作支撑的企业，是难以自立自强的；一个缺乏奋斗精神作支撑的企业领导，也是难以成长进步的。

世界首富比尔盖茨的成功，不仅仅因为他以敏锐的目光发现信息技术浪潮的到来，更重要的是他持之以恒的奋斗精神和不屈不挠的人格品质；丁磊神话的缔造，固然有机遇的垂青，但是如果没有丁磊一次次对网易大刀破斧的改革，没有丁磊率领网易员工众志成城地抵御股市的低迷，丁磊还会被称为“中国的比尔盖茨”吗？

其次，对于为数众多的创业失败者，创业过程中积淀下来的奋斗精神，是对他们心灵最大的慰藉，也是他们再次踏上创业之路的号角。年轻就是大学生的本钱，失败了，可以从头再来。

奋斗不代表就一定取得成功，但是就算是失败我们都可以从奋斗的过程中得到锻炼。李玲玲成立武汉天行健公司后，被媒体誉为“中国女大学生风险创业第一人”，但不到一年公司陷入停顿状态；同年她又成立了武汉天骄公司，任总经理。

长风破浪会有时，能使创业失败者从失败中站起来的，只有奋斗精神的感召和对奋斗的无限执著。

再次，对于正在为创业而四处奔波的大学生创业者们，崇尚奋斗是他们通向成功的不二法门。一个人的成功，机遇绝对不可能是主导，因为在同样的环境下，同样的机会面前，只有一个比尔·盖茨出现；从20世纪90年代以来的软件热，也只是出现了一个丁磊。

强调奋斗的重要性，是因为我们都还很弱小，机遇的到来固然是令人欣喜的。但是大学生本身“过于注重形式而忽视实质”“缺乏市场意识”“缺乏商业管理经验”等，使我们把握机遇的能力相对欠缺，利用机遇去创造财富的能力比社会上的人小很多。

因此，大学生创业更要注重强调奋斗的重要性。在奋斗中寻找机遇，在奋斗中实现理想争取成功。

机会总是以“问题”姿态出现在我们面前，所以，很多时候，当机会来临时我们一时难以辨认。当你碰到某个难题时，其实，正是为你创造了一个不可多得的好机会。不要找一些理由去拒绝，只要是自己可以做到的，就积极地伸出援助之手，把自己当成这件事情的责任人，用全部的精力将这些问题解决好。

8. 提高创业效率的秘籍

每个人在创业的过程中都会存在这样那样的问题，如不能对市场进行全面及时有效的调查，导致盲目创业；资金不足、技术条件不成熟；创业环境不够宽松等。

从当今社会经济发展特点来看，人们的工作基本上可以如下三种类型：国家公务员、企业雇工人员、自己做老板。他们各有千秋，但是恐怕很多人都想自己做老板，但是谁都知道，老板有老板的难处，并非人人都能做老板，真正做一个赚钱的老板、做一个事业有成的老板是需要勤奋和智慧的。

古人云，万丈高楼，平地起。任何事业都是从小到大，由点滴做起的在不断总结经验、积累资金的过程中，慢慢发展起来的。

万事开头难，下面我们在总结前人的经验的基础上，结合当代社会发展特点，总结出了个人创业致富十二大窍门。

(1) 考察市场

根据市场的需求确定一个可行的项目，并制订详细的可行性方案。在创业的过程中，自己的创业方式和项目不一定是最好的、现阶段最流行的，但是一定要是最适合自己的。创业的方式多种多样，创业的项目层出不穷，但要找到真正适合自己的并不简单，这就要求我们在创业的初期做充分的准备，对自身的优劣势要十分清楚，做到“不打无准备之仗”，这是创业者成功的前提条件。

(2) 将创业资金数额减到最低

别举债，别投下家庭储蓄，成功机会只有20%至30%的新事业，不值得你这样冒险。你计划的事业要由现有的构想和你个人才华及专长做起，而且只需要少许现金。

（3）不要着急过老板的瘾

有些朋友在生意走上正轨之后，就认为高枕无忧了，就开始雇佣员工，自己当起了“甩手掌柜”。此法不可取，尤其是十万元以下投资的创业者，更应该在自己的事业中发扬艰苦奋斗的作风。

投资创业首先就是实现自我雇佣，通过自己的投资，使自己的人力资源同生产资料相结合，达到人财物三者所有者一元化。雇佣雇员就相当于放弃了自己的人力资本投资收益，这对于资本极小的创业投资者来说，应该是一笔不小的损失。

（4）学习销售自己

身为小企业经营者，人们买的是你，不是你的产品。只要你知道如何销售自己，初期投资并不需要准备大笔资金。开业 30 天内，你就可以找到客户，现金 60 天内就会进来，帮助推动业务成长。

（5）对客户要大方

新事业不宜对顾客收费过高。笔者的做法，甚至提供免费服务给顾客，让他们知道我能做什么。就算后来没有签约，他们也会介绍其他付费客户。有时，你得用小鱼钓大鱼。

（6）开始时最好能由家中直接提供产品或服务

有人曾在卧房一角，以一桌、一椅、一台小电脑，开创顾问公司。5 年内，公司收入超过50万，有自己的办公室和 12 位员工。一切从小规模开始，逐渐扩大。

（7）从第一天开始，一切电脑化

打字机及人工作业方式，在目前市场上已无竞争力，书信往返、会计、市场、文书、销售都不例外。从第一天开始营业即要使用电脑。

(8) 长时间工作

把会计、书信等行政工作留到夜晚。这些事绝对不能占用朝九晚五的时段。这个黄金时段只能用来建立人际关系，作简报，打电话，或与客户面对面交谈。和客户谈了一天，回家后才从事不能产生收入的工作。

(9) 爱你的顾客

永远有礼貌地和顾客说话，不论他们有时多么令你生气。记住，顾客永远是国王和王后。没有人比小企业经营者更清楚这一点，要尽力使顾客满意。好的做法是介绍上虽指明服务项目，但经常多做，超出顾客期望。经常超越合约项目，提供更多服务，超过顾客期望，这便是小企业主最好的广告方式。

(10) 开始不成功也要继续努力

绝对不要放弃，成功经常就在失败的另一侧。失败代表你已经在正确的道路上，只要失败次数增加，努力的时间够长，途中做出聪明的选择，你终会成功的。

(11) 独自经营

开始创业时，避免邀其他人合伙。合伙就像婚姻，你愿意接受这样的束缚吗？更何况，统计显示婚姻的合伙关系，两对中就有一对以离婚收场。一般来说，如果你想创业，最好自己来。当然，这得由你自己决定。

(12) 安排休闲时间

尽管待办事项堆积如山，也要强迫自己星期六或星期日休息一天。你损失的那一天，会因为下周生产力增加而加倍补回，而且家人和顾客也希望你这样做，因为休假使人愉快和悦。拨出时间运动，和家人出游，或甚至看场电影，让你暂时忘记业务，工作反而更有效率。